Karin Johne

DEIN WORT
WIRD MICH VERWANDELN

KARIN JOHNE

Dein Wort
wird mich
verwandeln

Das Matthäusevangelium
meditieren

Herder
Freiburg · Basel · Wien

Contemplari et contemplata aliis tradere
Thomas von Aquin

Neuausgabe
Alle Rechte vorbehalten – Printed in Germany
© Verlag Herder Freiburg im Breisgau
Herstellung: Freiburger Graphische Betriebe 1991
ISBN 3-451-22420-8

Vorwort zur Neuausgabe

Nachdem dieses Buch schon seit einigen Jahren nicht mehr im Buchhandel erhältlich war, legt es jetzt der Verlag Herder in einer Neuausgabe vor. Dafür bin ich sehr dankbar, denn immer wieder bin ich nach diesem Buch gefragt worden, was für manchen eine Möglichkeit war, für eine Zeitspanne mit diesem Buch zu *leben*. Das geht aus vielen Briefen hervor, die ich erhielt.

Im großen und ganzen erscheint das Buch in seiner früheren Gestalt[1], mit einer wichtigen Ausnahme: Für die Erstausgabe wurde der Bibeltext der Einheitsübersetzung benutzt. Die Texte in dieser Ausgabe werden nach der Übersetzung von Joachim Gnilka angeboten[2]. Da ich selbst die Meditationen nach dem griechischen Urtext gemacht hatte, bin ich froh, daß jetzt eine neue Übersetzung vorliegt, die dem Urtext sehr nahe ist. Allerdings ist sie uns weniger vertraut – und ich möchte dringend darum bitten, daß ein jeder, der sich auf diese Meditationen einläßt, vor allem *den* deutschen Text benutzt, der ihm vertraut ist. „Der Verstand will immer etwas Neues, die Seele will immer das gleiche", sagt ein griechischer Mönchsvater. Das gilt insonderheit für alles, was man meditieren will. Denn meditieren kann ich nur, was mir vertraut ist, was mir schon ins Herz gesunken ist.

Und noch etwas: In der Einführung zur Erstausgabe schrieb ich: „Die Exegese der Texte ist hier nicht aufgenommen, sie ist vorausgesetzt, dazu gibt es genug Literatur." Ich möchte hier den Grund für dieses Vorgehen noch etwas näher erläutern:

---

[1] Ursprünglich erschienen unter dem Titel: Meditieren mit dem Matthäusevangelium (Zürich–Stuttgart 1981).

[2] In: Das Matthäusevangelium (Herders theologischer Kommentar zum Neuen Testament, Band I/1 und 2), 1. Teil: Kommentar zu Kap. 1, 1–13,58, Verlag Herder, Freiburg i. Br. ²1988; 2. Teil: Kommentar zu Kap. 14, 1–28,20 und Einleitungsfragen, Verlag Herder, Freiburg i. Br. 1988.

Exegese ist wichtig – aber sie hat auch ihre Grenzen. So kostbar gute Exegese sein kann – sie geschieht „im Kopf", im Verstand des Menschen und spricht diesen an. Meditation und Gebet aber zielen auf das „Herz". Sie wollen den Betenden und Meditierenden kontinuierlich in seine „Mitte" und „Tiefe" leiten.

„Verstand" und „Herz" sind beides wichtige Dimensionen des Menschseins, man darf nie die eine auf Kosten der anderen außer acht lassen. Etwas anderes aber ist es, ob man beides immer gleichzeitig ansprechen kann und soll. Ich erlebte es bei einem Katechetenkonvent, in dem morgens katechetisch gearbeitet wurde und dann nachmittags Anleitung zum Meditieren auf dem Programm stand: Die Katecheten sagten mir, sie seien einem anstrengenden Wechselbad ausgesetzt gewesen, morgens seien sie aktiviert worden – und nachmittags hätten sie total umschalten müssen, um innerlich zur Ruhe zu kommen.

Diese Schwierigkeit möchte ich denen ersparen, die sich auf dieses Buch einlassen – und betone noch einmal ausdrücklich, daß dafür andere Bücher zur Verfügung stehen, etwa das „Matthäusevangelium" von J. Gnilka. Natürlich wäre es das Ziel, daß „Kopf" und „Herz" so mühelos zusammenstimmten, daß sie nicht mehr als Dissonanzen erlebt würden, sondern miteinander eine Melodie bildeten. Aber bis dahin ist heute noch für viele ein weiter Weg zurückzulegen. Und ehe dieses Stadium erreicht ist, befinden sich diese beiden Kräfte noch häufig in einem Widerstreit, der sehr anstrengend sein kann. Fast alle befinden wir uns noch in diesem Stadium und müßten erst in einer sehr großen Tiefe „umschalten", nachdem wir die Exegese gelesen haben, um für die meditativen Gedanken aufnahmefähig zu werden. Oft gelingt das nur sehr schwer.

Deshalb verzichtet dieses Buch auf exegetische Textdeutungen und -erklärungen, um den Weg des Meditierens, den Weg der unmittelbaren Berührung von Gott und Mensch, von Wort Gottes und Antwort des Menschen, nicht zu erschweren. Diesem Ziel ist das Buch verpflichtet und möchte sich deshalb auch darauf konzentrieren.

Markkleeberg, 16. Juli 1991   *Karin Johne*

Inhalt

Inhalt

Inhalt

Inhalt

Versprich mir eine Viertelstunde inneres Gebet am Tag –
und ich verspreche dir die ewige Seligkeit

Teresa von Ávila

Zum Gebrauch dieses Buches

1. Die Worte dieses Buches sind aus der Meditation erwachsen und wollen zur eigenen Meditation hinführen.

– Meditieren heißt: An einer Stelle verweilen. „Nicht das Vielwissen sättigt die Seele, sondern das innere Schauen und Verkosten der Dinge" (Ignatius von Loyola).
Nie sollte ich mich verpflichtet fühlen, das ganze „Pensum" dessen, was für einen Text angeboten ist, zu schaffen, sondern ich sollte an der Stelle verweilen, die mich anspricht, wo in mir etwas mitzuschwingen beginnt. Dort sollte ich verweilen, in die Tiefe gehen, bis dieser Gedanke, dieses Bild ausgeschöpft ist.

– Meditieren heißt: „Die Gedanken aus dem Kopf in das Herz führen" (alte Mönchsweisung für das Beten).
Immer geht es darum, daß ich das, was ich meditiere, ganz tief in mich einlasse – in die Schicht der Bilder, in die Schicht der Gefühle und Emotionen, in das, was die Bibel „Herz" nennt.

– Meditieren heißt: Von außen nach innen gehen, die Mitte finden, das Wesen der Dinge in den Blick bekommen und dabei die eigene Mitte finden:
„Mensch, werde wesentlich, denn wenn die Welt vergeht, so fällt der Zufall fort, das Wesen, das besteht" (A. Silesius).

– Meditieren heißt: Auf die Grundthemen lauschen, die sich wie das Thema einer Bach'schen Fuge durch die Welt der Dinge und Ereignisse – durch die innere Welt des Menschen – und durch die Geheimnisse dessen, was uns Gott offenbart hat, hinziehen:
Einen „Weg" kann ich betreten – meinen Lebens„weg" kann ich anschauen – den „Weg" Gottes mit seinem Volk kann

ich zum Inhalt meiner Anbetung werden lassen: Das gleiche Wort „Weg" auf drei verschiedenen Ebenen weist daraufhin, daß es da verborgene „Entsprechungen" gibt. Das Wort wird zum Symbol, das mir hilft, Wirklichkeiten dieser verschiedenen Ebenen miteinander ins Gespräch („entsprechen"!) kommen zu lassen. Das geschieht in der *Symbolmeditation*.[1] Eine Symbolmeditation ist hier häufig als *Grundmeditation* verwendet. Sinn der Grundmeditation ist es, mich an der Stelle innerlich zu öffnen, wo ich vielleicht für das Anliegen dieses Textes ansprechbar sein könnte. Sie wäre etwa vergleichbar mit dem Stimmen eines Instrumentes, ehe es im Orchester mitspielt. (Als Grundmeditationen sind auch *Metaphermeditationen*[2] vorgeschlagen, dort soll für eine unanschauliche Wirklichkeit ein Bild gesucht werden – oder eine *Sprichwortmeditation*[3], in der man bestimmte Erlebnisse daraufhin ablauscht, ob man aus ihnen Wahrheiten erkennen kann, die auch auf anderen Ebenen des Lebens Gültigkeit haben).

– Meditieren heißt: Bereit sein, sich verwandeln zu lassen. Beim Meditieren geht es darum, zu warten, was einem „einfällt", in mich hineinfällt, weil ich offen bin – was mir einfällt, kann aus der Erinnerung kommen an etwas, was ich gehört oder gelesen habe, es kann aus mir selbst kommen, und es kann hier Gottes leise Stimme vernehmbar werden. Gott hat einen Wandlungsprozeß mit mir vor – dem kann ich mich öffnen, aber auch verschließen.

2. Die Worte dieses Buches sind aus dem Gebet erwachsen und wollen zum persönlichen Gebet hinführen.

– Ausgangsort des Gebetes ist das Wort der Bibel. Es ist das Wort Gottes an uns und wartet auf das Wort unserer Antwort. Hier ist der Versuch unternommen, sich beim persönlichen Beten von diesem biblischen Wort an der Hand

---

[1] Vgl. K. Johne, Meditation für Kranke, Zürich 1979, 30–37.
[2] A. a. O., 38–42.
[3] A. a. O., 43–53.

nehmen und leiten zu lassen – dadurch wird das Beten zu einem Gespräch, dessen Thema ich mir „geben" lasse.

– Den Weg des Gebetes muß sich jeder selbst suchen. Voraussetzung dafür ist das eigene, „gründliche" (den Grund suchen!) Sich-vertiefen in den Text selbst. Erst wenn ich den Text so in mir habe, daß er mit mir zu „sprechen" beginnt, können mir die einzelnen Punkte der *Textmediation* (Versuch, diesen bestimmten Text auf Wahrheiten abzulauschen, die zwischen Gott und dem Menschen gelten) vielleicht zum tieferen Eindringen oder zu einer neuen Blickrichtung helfen. Das heißt nicht, daß man das hier Gesagte einfach nachvollziehen müßte – es sollte nur Ausgangspunkt sein, den man weiterführen, ergänzen oder auch – das wäre vielleicht oft das Beste – durch einen ganz anderen, besseren Satz ersetzen kann. Immer ist das Wichtigste das eigene, persönliche Gespräch mit Gott.

– Ob der Weg meines Betens sich in der richtigen Richtung bewegt, werde ich immer dort prüfen können, wo ich auf den schaue, der gesagt hat: „Ich bin der Weg". Die *Christusmeditation*[4] ist die Mitte jeder Betrachtung; im Schauen auf Christus prüfe ich, ob die Wahrheit, die mir aus dem Text entgegenkommt, innerhalb der Fülle Gottes steht, wie sie mir durch Jesus Christus anschaubar wird.

– Im Schauen auf Jesus Christus erkenne ich auch, worum ich für mich selbst bitten darf; dieses Schauen weist meinem Bittgebet *(Lebensmeditation, Existenzmeditation)* ebenso die Richtung wie meinem Bußgebet *(Bußmeditation)*.

– Ebenso zeigt das Schauen auf Christus meinem Fürbittgebet den Weg. Gott weiß besser als ich, was der Mensch braucht, für den ich bete – immer aber bete ich richtig, wenn ich um das bitte, was den anderen Christus ähnlicher macht *(Fürbittmeditation*[5]*)*. Niemand geht den Weg für sich allein – immer bin ich hineingenommen in die Schar derer, die mit mir beten, die für mich beten und für die ich bete. *Jeder*

---

[4] A. a. O., 84–92.   [5] A. a. O., 93–115.

Text trägt in sich die Möglichkeit und die Absicht, zur Fürbitte zu werden.

3. Die Worte dieses Buches sind aus dem Leben gewachsen und möchten hinführen zu einem bewußten Leben in der Nachfolge Jesu Christi.

– Erkennen folgt dem Tun. Je mehr ich die Gesamtheit meines Lebens im Gehorsam gegen Gott „auf die Wellenlänge Gottes" einstelle, in desto größerer Tiefe werde ich aufnahmebereit, seine Wahrheit und seinen Willen zu erkennen. „Wer gewillt ist, Gottes Willen zu tun, der wird erkennen, ob diese Lehre aus Gott ist". (Joh 7, 17)

Das ist ein Prozeß, der das ganze Leben fordert und bis zum Tod nicht abgeschlossen ist.

– Verkündigung ist Zeugnis. In der Nachfolge Jesu bin ich nicht dazu gerufen, eine von mir selbst unabhängige Wahrheit anderen mitzuteilen, sondern ich bin dazu gerufen, selber zum Zeugen dieser Wahrheit zu werden. Zeuge sein aber kann nur, wer selbst etwas erlebt oder erfahren hat, glaubhaft verkündigen kann ich nur, was ich in mich eingelassen habe, was zu einem Teil meines Wesens geworden ist. Deshalb ist bei den Gebeten so häufig die Ich-Du-Form gewählt, nicht als „geistliche Nabelschau", sondern um mich selbst mehr und mehr in das hinein verwandeln zu lassen, was ich in der Verkündigung weitergeben möchte.

Das ist ein Prozeß, der das ganze Leben fordert und bis zum Tod nicht abgeschlossen ist.

– Nachfolge heißt: Einswerden mit Christus. Was ich liebend anschaue, dem werde ich mehr und mehr ähnlich, nicht durch Willensakte, sondern durch einen Wachstumsprozeß von innen her. Auch dieser Prozeß fordert mich ganz und kommt erst in der Ewigkeit zu seiner letzten Vollendung.

– Nachfolge heißt: Einswerden mit den Menschen. Je mehr ich für einen Menschen bete, desto tiefer lerne ich ihn kennen. Aber ich kann – ohne innerlich unwahrhaftig zu sein – nur das für einen anderen Menschen erbitten, was ich selbst zu tun oder zu erleiden bereit bin. Deshalb ist Fürbitte immer sowohl Fürbitte des Wortes als auch *Fürbitte der Tat*[6]. Diese Fürbitte der Tat kann entweder ganz konkret dem anderen etwas von dem tun, was er nötig hat (Jak 2,16) oder – wo das nicht möglich ist – im konkreten eigenen Leben etwas tun oder annehmen, was irgendwie dem entspricht, was der andere tun oder annehmen sollte, was ich im Gebet als Aufgabe für ihn erkenne.

Auch dieser Prozeß fordert mich ganz und läßt mein Leben immer mehr zu einem Dasein für andere werden.

– Nachfolge Jesu Christi ist ein Weg, der hier beginnt und in der Ewigkeit Gottes endet. Das Gebet, das in Worten geschieht, kann sich mehr und mehr wandeln in ein Gebet, das immer weniger Worte braucht, bis es einmündet in das Schweigen der Anbetung Gottes. Die *Tiefenmeditation* versucht, aus der Fülle der Gedanken und Möglichkeiten *ein* Wort oder Bild festzuhalten, das mich vielleicht ein wenig weiter in die Tiefe mitnimmt. Jeder sollte dafür die Stelle des Textes auswählen, wo er sich am „tiefsten" angesprochen fühlt – dort sollte er verweilen mit der Bitte, ganz geöffnet zu sein – was immer bedeutet: sich ganz öffnen zu lassen.

In diesem Prozeß berühre ich bereits in diesem Äon etwas von der Ewigkeit Gottes.

Aus jedem Text kann man unendlich viel heraushören – das ist abhängig vom Menschen, der ihn meditiert und auch von der Situation, in der man sich gerade befindet. Hier wird ein Stück unserer menschlichen Begrenztheit sichtbar. Das Bemühen, Texte von einem zentralen Bild oder Gedanken her zu „fassen", hat vielleicht den Vorteil einer gewissen Einheitlichkeit, sicher aber auch den Nachteil einer großen Einseitigkeit. Deshalb ist es um so wichtiger, daß das hier Gesagte immer das bleibt, was es sein soll: Ausgangspunkt für eigenes, persönliches Beten, Anregung zum Suchen des eigenen persönlichen Weges.

---

[6] A.a.O., 116–125.

Glied einer Kette

1 Urkunde der Abstammung Jesu Christi, Sohn von David, Sohn von Abraham. 2 Abraham zeugte den Isaak. Isaak aber zeugte den Jakob. Jakob aber zeugte den Judas und seine Brüder. 3 Judas aber zeugte den Phares und den Zara aus der Thamar. Phares aber zeugte den Esrom. Esrom aber zeugte den Aram. 4 Aram aber zeugte den Aminadab. Aminadab aber zeugte den Naasson. Naasson aber zeugte den Salmon. 5 Salmon aber zeugte den Boes aus der Rachab. Boes aber zeugte den Jobed aus der Ruth. Jobed aber zeugte den Jessai. 6 Jessai aber zeugte David, den König. David aber zeugte den Solomon aus der des Urias. 7 Solomon aber zeugte den Roboam. Roboam aber zeugte den Abia. Abia aber zeugte den Asaph. 8 Asaph aber zeugte den Josaphat. Josaphat aber zeugte den Joram. Joram aber zeugte den Ozias. 9 Ozias aber zeugte den Joatham. Joatham aber zeugte den Achaz. Achaz aber zeugte den Ezekias. 10 Ezekias aber zeugte den Manasses. Manasses aber zeugte den Amos. Amos aber zeugte den Josias. 11 Josias aber zeugte den Jechonias und seine Brüder zur Zeit der babylonischen Verbannung. 12 Nach der babylonischen Verbannung aber zeugte Jechonias den Salathiel. Salathiel aber zeugte den Zorobabel. 13 Zorobabel aber zeugte den Abiud. Abiud aber zeugte den Eliakim. Eliakim aber zeugte den Azor. 14 Azor aber zeugte den Sadok. Sadok aber zeugte den Achim. Achim aber zeugte den Eliud. 15 Eliud aber zeugte den Eleazar. Eleazar aber zeugte den Matthan. Matthan aber zeugte den Jakob. 16 Jakob aber zeugte den Josef, den Mann Marias. Aus ihr wurde gezeugt Jesus, der Christus heißt.
17 Also: alle Generationen von Abraham bis David vierzehn Generationen, und von David bis zur babylonischen Verbannung vierzehn Generationen und von der babylonischen Verbannung bis zu Christus vierzehn Generationen.

Grundmeditation

„Die Kette" (Symbolmeditation)

Textmeditation

- Herr, Du bist Endglied einer Kette, die durch eine Jahrtausende während heilige Vorbereitung bis zu Dir reicht ...
- In dieser Menschheitskette gibt es große und kleine, leuchtende und dunkle Glieder – jedes einzelne wird gebraucht ...
- Du bist nicht nur Endglied, sondern als solches auch Verbindungsglied zu der Kette, die bis zu mir reicht ...
- Wie glühendes Eisen wird der Mensch während seines Lebens als Kettenglied in diese Kette eingeschmiedet (er kann sich „eingliedern" lassen – aber sich dem auch widersetzen!) – erst im Tod wird das Eisen hart und unzerbrechlich ...
- Wie hart, Herr, bist Du zum Hauptglied dieser Kette geschmiedet worden – unvorstellbar, daß dieses Glied bräche – aber auch wie wichtig, daß jedes einzelne Glied hält ...

Tiefenmeditation

- Ich erlebe mich als Glied dieser Kette – ich verfolge sie rückwärts bis zu Dir ...
- Wohin wird sie von mir aus weiterreichen? ...
- Schmiede mich zu einem haltbaren Glied ...
- Ich lasse das Bild zurück und verharre im Dunkel, in dem dieses Schmieden geschieht ...

Einbruch des Ewigen

18 Mit Christi Geburt aber war es so: Als seine Mutter Maria mit Josef verlobt war, bevor sie zusammengekommen waren, zeigte es sich, daß sie ein Kind trug, aus heiligem Geist. 19 Josef aber, ihr Mann, der gerecht und nicht willens war, sie bloßzustellen, beschloß, sie heimlich zu entlassen. 20 Als er aber dies erwog, siehe, da erschien ihm im Traum ein Engel des Herrn, der sprach: Josef, Sohn Davids, fürchte dich nicht, Maria, deine Frau, heimzuführen. Das in ihr Gezeugte nämlich ist aus heiligem Geist. 21 Sie wird einen Sohn gebären und du sollst seinen Namen Jesus heißen, denn er wird sein Volk von den Sünden retten.

22 Dies alles aber ist geschehen, damit das Wort vom Herrn durch den Propheten erfüllt werde, der sagt: 23 Siehe, die Jungfrau wird ein Kind tragen und einen Sohn gebären, und sie werden seinen Namen Emmanuel heißen, das ist übersetzt: Mit uns ist Gott. 24 Josef aber erhob sich vom Schlaf und tat, wie ihm der Engel des Herrn befohlen hatte, und führte seine Frau heim. 25 Und er erkannte sie nicht, bis sie einen Sohn gebar. Und er nannte seinen Namen Jesus.

Grundmeditation

„Das Wort ward Fleisch" *(Wortmeditation)*

- Was ist den für ein unbegreifliches Wort, was da Fleisch geworden ist. Die Propheten haben auch das Wort Fleisch werden lassen, aber was ist das für ein Prophet?

Textmeditation

– Im Rahmen der natürlichen Gegebenheiten (verlobt, schwanger) vollzieht sich das Geheimnis der Fleischwerdung des Wortes ...

– Auf diese Weise bleibt dieses Geheimnis allen Außenstehenden verborgen und wird nur den unmittelbar Beteiligten offenbar ...

– Solches Geschehen ruft auch bei den Beteiligten Furcht und Erschrecken hervor, bis die Deutung von Gott selbst erfolgt – eingebettet in den gesamten Heilsplan ...

– Wo immer etwas von diesem Einbruch aus der Welt Gottes in unsere Welt geschieht, muß dieses vom glaubenden Gehorsam des Menschen aufgenommen werden ...

– Immer ist es das Wirken des Heiligen Geistes, sein Anteil am Schöpfungswerk, etwas von der „Unbegreiflichkeit" Gottes in unsere menschliche „Faßbarkeit" eingehen zu lassen ...

Tiefenmeditation

Dein Wille: Unsere Seligkeit ...

Lebensmeditation

– Du gehst ein in unser menschliches Dasein ...

– auch mein Leben soll Träger Deiner Wirklichkeit werden ...

– ich stelle mich Dir zur Verfügung ...

– komm, Heiliger Geist, vollbringe auch an mir das Wunder heiliger Wandlung ...

– in einer Tiefe, die mir selbst verborgen ist ...

Gott unter uns

1 Als aber Jesus zu Bethlehem in Judäa in den Tagen des Königs Herodes geboren wurde, siehe, da kamen Magier aus dem Morgenland in Jerusalem an. 2 Sie sagten: Wo ist der (neu)geborene König der Juden? Denn wir haben seinen Stern aufgehen sehen und sind gekommen, um ihm zu huldigen. 3 Als der König Herodes das hörte, erschrak er und ganz Jerusalem mit ihm. 4 Und er versammelte alle Hohenpriester und Schriftgelehrten des Volkes und erkundigte sich bei ihnen, wo der Messias geboren werden sollte. 5 Sie aber sagten zu ihm: Zu Bethlehem in Judäa, denn so steht geschrieben durch den Propheten: 6 Und du Bethlehem, Land Juda, bist keineswegs die geringste unter den Fürstenstädten Judas. Denn aus dir wird ein Fürst hervorgehen, der mein Volk Israel weiden wird. 7 Dann ließ Herodes die Magier heimlich zu sich rufen und erforschte von ihnen die Zeit, zu der der Stern erschienen war. 8 Und er schickte sie nach Bethlehem und sprach: Gehet und forschet sorgfältig nach dem Kind. Wenn ihr es aber findet, so meldet es mir, damit auch ich komme, um ihm zu huldigen. 9 Als sie den König gehört hatten, zogen sie fort. Und siehe, der Stern, den sie aufgehen sahen, zog vor ihnen her, bis er kam und dort stehen blieb, wo das Kind war. 10 Als sie aber den Stern sahen, erfüllte sie eine überaus große Freude. 11 Und sie kamen in das Haus und sahen das Kind mit Maria, seiner Mutter, und fielen nieder und huldigten ihm. Und sie taten ihre Schätze auf und brachten ihm Geschenke dar, Gold und Weihrauch und Myrrhe. 12 Und nachdem sie im Traum Weisung empfangen hatten, nicht zu Herodes zurückzukehren, zogen sie auf einem anderen Weg wieder in ihr Land.

Grundmeditation

„Wär Christus tausendmal in Betlehem geboren – und nicht in Dir – Du wärst in Ewigkeit verloren" (A. Silesius) *(Wortmeditation)*

Textmeditation

– Die Wirklichkeit Deiner Geburt unter uns hat kosmische Auswirkungen ...
– Das Neue, das durch uns Gestalt annehmen will, wird von den Fernen, Außenstehenden oft eher erkannt als von uns selbst ...
– Auch uns erscheint die Wirklichkeit Deiner Gegenwart zuerst oft als eine lebensbedrohende Gefahr ...
– Doch selbst in diesem Stadium des Selbsterhaltungswillens, in dem wir Dich vernichten möchten, benutzt Du uns als Wegweiser für die, die Dich suchen ...
– Der Vater selbst übernimmt den Schutz Deines Wachstums in uns gegen den Vernichtungswillen unseres alten Adam ...

Tiefenmeditation

Was Du in mir angefangen hast – Du wirst es selbst bewahren, daß es wachse ...

Ausblick

Du läßt Dich beschenken mit den Gaben der Heiden. Willst Du Dich heute auch mit den Gaben beschenken lassen, die die östlichen Religionen uns anbieten? ...

Weisung zur Flucht

13 Als sie fortgezogen waren, siehe, da erschien ein Engel des Herrn im Traum dem Josef, der sprach: Steh auf, nimm das Kind und seine Mutter und flieh nach Ägypten und bleibe dort, bis ich es dir sage. Denn Herodes will das Kind suchen, um es umzubringen. 14 Er aber stand auf, nahm das Kind und seine Mutter bei Nacht und zog fort nach Ägypten. 15 Und er blieb dort bis nach dem Tod des Herodes, damit erfüllt werde, was vom Herrn durch den Propheten gesagt war, der spricht: Aus Ägypten habe ich meinen Sohn gerufen.

16 Darauf wurde Herodes sehr zornig, als er sah, daß er von den Magiern getäuscht worden war. Und er sandte aus und ließ alle Kinder in Bethlehem und in all seinen Grenzen töten, die zweijährig und darunter waren, gemäß der Zeit, die er von den Magiern erforscht hatte. 17 Da erfüllte sich, was gesagt ist vom Propheten Jeremia, der spricht: 18 Eine Stimme hört man in Rama, großes Weinen und Klagen. Rahel beweinte ihre Kinder und wollte sich nicht trösten lassen, denn sie sind nicht mehr.

19 Als aber Herodes gestorben war, siehe, da erschien ein Engel des Herrn im Traum dem Josef in Ägypten, 20 der sprach: Steh auf, nimm das Kind und seine Mutter und zieh in das Land Israel. Denn sie sind gestorben, die dem Kind nach dem Leben trachteten. 21 Er aber stand auf, nahm das Kind und seine Mutter und zog ein in das Land Israel. 22 Als er aber hörte, daß Archelaos König von Judäa war anstelle seines Vaters Herodes, fürchtete er sich, dorthin zu gehen. Als er aber im Traum Weisung empfangen hatte, begab er sich in die Gebiete Galiläas 23 und kam und ließ sich nieder in einer Stadt, die Nazaret heißt, damit erfüllt werde, was gesagt ist durch die Propheten: Er soll Nazoräer heißen.

Grundmeditation

„Flucht" *(Symbolmeditation)*

Textmeditation

- Flucht kann eine legitime Möglichkeit sein, keimendes Gottesleben in dieser Welt zu schützen ...
- Nicht Angst oder Selbsterhaltungswille, sondern allein klare Weisung Gottes gibt die Erlaubnis zu solcher Flucht ...
- Ziel jeder Flucht ist die Rückkehr, wenn die Zeit gekommen ist – diese Zeit weiß Gott allein ...
- Wer Göttliches in dieser Welt zu schützen hat, muß wach sein für alle Gefahren, die drohen ...
- Wem Göttliches in dieser Welt anvertraut ist, muß wach bleiben für jede Weisung Gottes ...

Tiefenmeditation

- Herr, wenn Du mich in die Dunkelheit des Nichtwissens hineinrufst, laß mich willig diesem Ruf folgen und still warten, bis gewachsen ist, was wachsen soll ...
- bis Du es zurückrufen willst zum Leben in dieser Welt und für diese Welt ...

Vorbereitung auf Dein Kommen

1 In jenen Tagen tritt Johannes der Täufer auf und kündet in der Wüste Judäas, 2 indem er spricht: Kehret um, denn die Herrschaft der Himmel ist nahe. 3 Dieser nämlich ist der vom Propheten Jesaja Genannte, als er spricht: Stimme eines Rufers in der Wüste: Bereitet den Weg des Herrn, macht eben seine Pfade! 4 Er aber, Johannes, trug sein Kleid aus Kamelhaaren und einen ledernen Gürtel um seine Hüfte. Seine Speise aber war Heuschrecken und wilder Honig. 5 Da ging zu ihm hinaus Jerusalem und ganz Judäa und die ganze Gegend des Jordan, 6 und sie ließen sich von ihm im Jordanflusse taufen und bekannten ihre Sünden. 7 Als er aber viele Pharisäer und Sadduzäer zu seiner Taufe kommen sah, sprach er zu ihnen: Otterngezücht, wer hat euch gewiesen, dem kommenden Zorn zu entfliehen? 8 Bringt also Frucht, würdig der Umkehr. 9 und wähnt nicht, bei euch zu sagen: Zum Vater haben wir Abraham. Denn ich sage euch: Gott vermag aus diesen Steinen dem Abraham Kinder zu erwecken. 10 Schon ist die Axt an die Wurzel der Bäume gelegt. Jeder Baum nun, der keine gute Frucht bringt, wird abgehauen und ins Feuer geworfen. 11 Ich taufe euch mit Wasser zur Umkehr. Der nach mir Kommende aber ist stärker als ich. Ich bin nicht würdig, ihm die Sandalen auszuziehen. Er wird euch mit heiligem Geist und Feuer taufen. 12 Er hat die Worfgabel in seiner Hand und wird seine Tenne reinigen. Und er wird seinen Weizen in die Scheuer sammeln, die Spreu aber in unauslöschlichem Feuer verbrennen.

Möglichkeiten der Textmeditation

„Ich bin Werkzeug" (Identifikation mit Johannes):
   Wo Du mich zu Deinem Dienst gebrauchen willst,
- steht mein ganzes Leben unter dem Aspekt Deiner Zurüstung ...
- erwartest Du von mir ein hartes Nein gegenüber egoistischen Wünschen und Bedürfnissen ...
- muß ich mich bereithalten für den Zeitpunkt und die Art und Weise, wo und wie Du meinen Dienst erwartest ...

„Ich bereite mich" (Identifikation mit dem Volk):
   Wenn ich mich auf Dein Kommen vorbereiten will,
- muß ich mich auf den Weg machen ...
- muß ich mich trennen von allem, was den Zugang zu Dir hindert ...
- muß ich mich in die Gemeinschaft derer stellen, die auf Dich warten ...

„Ich bin in Gefahr" (Identifikation mit den Pharisäern):
   Auch ich bin in Gefahr,
- mich auf Sicherheiten zu berufen, laß mich alles loslassen ...
- die Hinkehr zu Dir nur mit den Lippen zu vollziehen; laß mich wahre Früchte bringen ...
- Gnadenangebote von Dir zu übersehen oder gar abzuweisen; laß sie mich aufnehmen mit der Ganzheit meines Lebens, daß sie fruchtbar werden ...

Im Auftrag für die Menschen

13 Darauf begibt sich Jesus von Galiläa an den Jordan zu Johannes, um sich von ihm taufen zu lassen. 14 Johannes aber wehrte ihm und sprach: Ich habe nötig, von dir getauft zu werden, und du kommst zu mir? 15 Jesus aber antwortete und sprach zu ihm: Laß es jetzt zu. Denn so müssen wir alle Gerechtigkeit erfüllen. Darauf ließ er ihn zu. 16 Als aber Jesus getauft war, stieg er sogleich aus dem Wasser herauf. Und siehe, die Himmel öffneten sich ihm, und er sah den Geist Gottes herabsteigen wie eine Taube und auf sich zukommen. 17 Und siehe, eine Stimme aus den Himmeln sprach: Dieser ist mein geliebter Sohn, an dem ich Wohlgefallen habe.

Grundmeditation

„Kristall" *(Symbolmeditation)*
Die gleiche Struktur prägt das kleinste Teilchen ebenso wie das Ganze ...

Textmeditation/Christusmeditation

Herr, bei Deinem ersten Hervortreten in die Öffentlichkeit erscheint zeichenhaft der innere Sinn Deines ganzen Lebens und Wirkens ...
– Du erkennst den Zeitpunkt (kairos) Gottes, der den Aufbruch der Menschen bewirkt ...
  Im Schauen auf Dich laß mich den „kairos" meines Auftrages erkennen ...
– Du trittst an die Seite der Menschen, die diesen Aufbruch vollziehen aus der Dunkelheit zum Licht hin (Du verläßt, was sie verlassen – gehst, wohin sie gehen – tust, was sie tun) ...

Im Schauen auf Dich zeige mir die Menschen, an deren Seite Du mich haben willst ...

– Durch die Gleichheit des Handelns stellst Du die Verbindung her zu denen, denen Du helfen willst. Durch die Vollkommenheit Deines Tuns gibst Du ihrem armseligen Tun Deine Fülle – so wird „die Gerechtigkeit erfüllt" ...

Im Schauen auf Dich schenk mir Anteil an Deinem Geheimnis: Du für mich – ich für die anderen ...

– Über diesem Geschehen Deines Einswerdens mit uns öffnet sich der Himmel, kommt der Heilige Geist auf Dich herab, erfüllst Du die Sendung des Vaters, liegt Gottes Wohlgefallen auf Dir ...

Im Tun dessen, was Du getan hast – in aller meiner Armut – begnade mich mit der Gabe des Heiligen Geistes ...

Tiefenmeditation

Herr – Dein Auftrag gibt meinem ganzen Leben und jeder einzelnen Handlung die Struktur ...

In Versuchung

1 Darauf wurde Jesus durch den Geist hinaufgeführt in die Wüste, um vom Teufel versucht zu werden. 2 Und als er vierzig Tage und vierzig Nächte gefastet hatte, hungerte ihn hernach. 3 Und der Versucher trat heran und sprach zu ihm: Wenn du Sohn Gottes bist, sage, daß diese Steine Brote werden. 4 Er aber antwortete und sprach: Es steht geschrieben: Nicht vom Brot allein soll der Mensch leben, sondern von jedem Wort, das aus Gottes Mund hervorkommt. 5 Darauf nahm ihn der Teufel mit in die heilige Stadt und stellte ihn auf den äußersten Punkt des Tempels 6 und sagte ihm: Wenn du Sohn Gottes bist, stürze dich hinab, denn es steht geschrieben: Seinen Engeln wird er deinethalben Befehle geben, und auf Händen werden sie dich tragen, daß dein Fuß nicht anstößt an einen Stein. 7 Jesus sprach zu ihm: Wieder steht geschrieben: Du sollst den Herrn, deinen Gott, nicht versuchen. 8 Wieder nahm ihn der Teufel mit auf einen sehr hohen Berg und zeigte ihm alle Reiche der Welt und ihren Glanz 9 und sprach zu ihm: Dies alles werde ich dir geben, wenn du niederfällst und mich anbetest. 10 Darauf sagte Jesus zu ihm: Weiche, Satan, denn es steht geschrieben: Den Herrn, deinen Gott, sollst du anbeten und ihm allein dienen. 11 Darauf ließ ihn der Teufel, und siehe, Engel traten heran und dienten ihm.

Grundmeditation

„Geführt werden" *(Symbolmeditation)*

Textmeditation

Herr, Du hast Dich der Führung des Heiligen Geistes anvertraut –
– Dieser Geist führte Dich zuerst in die Wüste – erschrecke ich vor der „Wüste" auf Deinem Weg?...
– Dieser Geist drängte Dich dazu, zu fasten... – habe ich Angst davor, auf scheinbar Lebensnotwendiges verzichten zu müssen für Dich?...
– Dieser Geist bewahrte Dich nicht vor dem Versucher, sondern ließ ihn Dir begegnen... – fühle ich mich in Augenblicken der Versuchung von Dir verlassen?...
– Dieser Geist führte Dich dorthin, wo Du die Weichen für Dein ganzes weiteres Leben stellen solltest:
Nur wer selbst „Hunger" ertragen kann, bekommt die Fülle Gottes anvertraut, für sich selbst und um sie anderen zuzuleiten...
Nur wer bereit ist, sein Leben zu verlieren, gewinnt es für sich selbst und für andere...
Nur wer die göttlichen Kräfte nicht im eigenen Interesse verwendet, vermag sie anderen zu vermitteln...
– Dieser Geist führte Dich dahin, wo der endgültige Sieg Gottes in Deinem Leben bereits aufleuchtet: Die Engel dienen Dir... – spüre ich manchmal etwas davon, daß mir unter Deiner Führung alle Dinge zum besten dienen müssen?...

Tiefenmeditation

Ich vertraue mich Deiner Führung ganz an...

Fürbittmeditation

Für alle Menschen in Anfechtung und Versuchung...

Beginn

12 Als er nun hörte, daß Johannes dahingegeben sei, kehrte er nach Galiläa zurück. 13 Und er verließ Nazara (Nazaret), kam und ließ sich nieder in Kapharnaum, dem Küstengebiet, in den Gegenden von Zabulon und Nephtalim, 14 damit erfüllt werde, was gesagt ist vom Propheten Jesaja, der spricht: 15 Land Zabulon und Land Nephtalim, Meerstraße, anderes Ufer des Jordan, Galiläa der Heiden, 16 das Volk, das in Finsternis saß, schaute ein großes Licht, und denen, die im Gebiet und Schatten des Todes saßen, ging ein Licht auf.

17 Von da an begann Jesus zu künden und zu sprechen: Kehret um, denn die Herrschaft der Himmel ist nahe.

Grundmeditation

„Dasein ist alles" *(Wortmeditation)*

Textmeditation

– „Immerdar enthüllt das Ende sich als strahlender Beginn"
 (W. Bergengruen), – dieses Gesetz im Reich Gottes wird hier
 sichtbar ...
– Das Neue beginnt nicht am Ort des Vergangenen, sondern
 am Ort, „den Gott erwählt hat" ...
– Eine Dreiheit von Symbolen kennzeichnet den Ort des gött-
 lichen Neubeginns:
 „Heiden" – „Dunkel" – „ Schattenreich des Todes" ...
– Wo das Gottesreich beginnt, ist Befehl und Verheißung un-
 löslich ineinander verwoben: Das Neue, das große Geschenk
 Gottes empfängt nur der, der sich ihm voll zuwendet und
 öffnet ...

Christusmeditation

– Du hast begonnen, wo Johannes aufhören mußte ...
 hilf mir, mich immer zu sehen in dem lebendigen Strom derer, die Dir dienten und die Dir dienen werden ...
– Du hast an dem Ort gewirkt, den Gott Dir bestimmt hat ...
 laß mich den Ort meines Dienstes erkennen und ganz annehmen ...
– Du bist gekommen, den Fernen Licht und Leben zu bringen ...
 mach mich zum Träger Deines Lichtes und Lebens für die,
 die Dich nicht kennen ...
– In Deiner vollen Zuwendung zum Vater ist das Gottesreich
 in Deinem Dasein volle Wirklichkeit geworden ...
 hilf mir, ein *ganz* angenommenes Leben *ganz* Dir zu öffnen
 (hier – jetzt – so) ...

Der heilige Ruf

18 Als er aber entlang dem Meer von Galiläa ging, sah er zwei Brüder, Simon, der Petrus heißt, und Andreas, seinen Bruder, wie sie ein Wurfnetz ins Meer warfen; denn sie waren Fischer. 19 Und er sagt ihnen: Kommt her, mir nach: ich werde euch zu Menschenfischern machen. 20 Sogleich verließen sie die Netze und folgten ihm nach. 21 Und als er von da weiterging, sah er zwei andere Brüder, Jakobus, den des Zebedäus, und Johannes, seinen Bruder, im Boot mit Zebedäus, ihrem Vater, wie sie ihre Netze zurecht machten. Und er berief sie. 22 Sogleich verließen sie das Boot und ihren Vater und folgten ihm nach.

Grundmeditation

„Folge mir nach!" – ich bin gemeint ...

Textmeditation

– Unter Deinem Blick wird erkennbar, wie Arbeit in dieser Welt und Arbeit im Reich Gottes in tiefem, symbolischem Zusammenhang stehen ... („Fischer" – „Menschenfischer")
– Dein Ruf schenkt der Alltagsarbeit die neue Möglichkeit, Dienst für Dein Reich zu werden ... (Voraussetzung für diesen Dienst: „ich werde euch zu ... machen")
– Der Weg in diese neue Aufgabe ist der Anschluß an Deine Person ... („folgt mir nach")
– Die einzig angemessene Antwort auf diesen Ruf ist das: „sogleich verließen sie ...":
  ihre Netze – Symbol der Arbeit ...
  ihr Boot – Symbol des Besitzes ...
  ihren Vater – Symbol der Familie ...
– Wer Deinem Ruf folgt, tritt damit in unmittelbare, bleibende Verbindung zu Dir. In dieser Verbindung hebst Du in

schöpferischer Vollmacht sowohl unser irdisches Tun wie auch den Verzicht auf dieses Tun auf die neue Ebene des Dienstes im Gottesreich ... (Das „Verlassen" kann für den einen ein wirkliches Verlassen, für den anderen ein inneres Loslassen sein)

Christusmeditation

Ich schaue auf Dich, wie Du dem Ruf des Vaters gefolgt bist ...

Fürbittmeditation

Ich bitte für die Menschen, die Du heute in Deine Nachfolge berufst
- Berufe Menschen aus allen Berufen zum Dienst in Deinem Reich ...
  (ich lausche verschiedene Berufe daraufhin ab, wie sie symbolisch auf Deinen Dienst hinweisen können ...)
- Berufe Menschen dazu, ihre Alltagsarbeit zum Dienst für Dein Reich werden zu lassen ...
  (ich meditiere solche Möglichkeiten und lasse das zum Gebet werden ...)
- Gib den Berufenen Kraft, alles loszulassen, um ganz frei zu sein für Dich ...
  (ich meditiere die mannigfachen Bindungen, unter denen die meisten Menschen heute stehen, die Festigkeit dieser Bindungen, ich bete um Deine Hilfe zum Loslassen ...)
- Hilf allen Berufenen, in Deiner Nachfolge zu bleiben ...
  (ich meditiere die Gefahren, die ihnen drohen – ihre Verunsicherungen – ihre Versuchungen – ihre Belastungsproben usw. ... ich bete darum, daß sie alle Deine spürbare Nähe als tragfähigen Grund erfahren ...)

Du heilst alle

23 Und er wanderte in ganz Galiläa umher, lehrend in ihren Synagogen und kündend das Evangelium vom Reich und heilend jede Krankheit und jede Entkräftung im Volk. 24 Und die Kunde von ihm verbreitete sich in ganz Syrien. Und sie brachten alle Kranken zu ihm, die von mannigfachen Krankheiten und Qualen behaftet waren, Dämonische und Mondsüchtige und Gelähmte, und er heilte sie. 25 Und große Volksscharen folgten ihm nach aus Galiläa und der Dekapolis und Jerusalem und Judäa und von jenseits des Jordan.

Grundmeditation

„Die Gesamtansicht" *(Symbolmeditation)*

Textmeditation

In diesen Versen habe ich die Gesamtschau Deines Wirkens
vor mir:
– Du bist im Land umhergewandert ...
  Auf Deinen Wegen hast Du Städte und Dörfer, Berge und
  Täler, Menschen aller Schichten berührt ...
  Ich schaue den Lebensraum, den ich ausfüllen soll ...
– Du hast gelehrt in ihren Synagogen ...
  Jede Möglichkeit der Verkündigung hast Du ausgenützt ...
  Ich schaue auf die Möglichkeiten, die ich zum Weitersagen
  der Botschaft habe ...
– Du hast die Kranken geheilt ...
  Manche fandest Du – manche kamen zu Dir – manche wur-
  den Dir gebracht ...
  Wie kann ich „Kranke" jeder Art zu Dir bringen? ... (Gebet –
  Dienst – fürbittendes Tun ...)
– Du hast die Menschen wie ein Magnet an Dich gezogen –
  ohne zu werben – ohne zu zwingen ...
  Du hast geheilt – sie kamen zu Dir ...
  Du hast gepredigt – sie folgten Dir nach ...
  Laß mich das tun, was Du mir vor die Füße legst – das Kleine
  – das Unscheinbare – ohne auf sichtbare Frucht oder Erfolg
  zu warten ...

Tiefenmeditation

Du heiltest alle – Du willst das Heil aller. Jedes kleine Tun ist
ein Samenkorn, welches in Dich einsinkt – aus Dir Frucht
bringt ...

Du lehrst

1 Und als er die Volksscharen sah, ging er hinauf auf den Berg. Und als er sich gesetzt hatte, traten seine Jünger zu ihm. 2 Und er öffnete seinen Mund, lehrte sie und sprach:

Grundmeditation

Jede Meditation über die Bergpredigt könnte man mit dieser Grundmeditation beginnen:
- „er setzt sich"
  Du hast jetzt Zeit für mich ...
  ich bin bereit ...
- „seine Jünger traten zu ihm"
  Jetzt geht es um mich ...
  ich trete zu Dir ...
  ich bin da ...
- „er begann zu reden und lehrte sie"
  Du hast mir jetzt Wichtiges zu sagen ...
  Entscheidendes für mein Leben ...
  ich bin ganz offen ...

Wen Jesus seligpreist

3 Selig die geistig Armen, denn ihrer ist die Himmelsherrschaft. 4 Selig die Trauernden, denn sie sollen getröstet werden. 5 Selig die Gütigen, denn sie werden die Erde zum Erbteil erhalten. 6 Selig, die hungern und dürsten nach der Gerechtigkeit, denn sie sollen satt werden. 7 Selig die Barmherzigen, denn sie werden Erbarmen finden. 8 Selig, die aufrichtigen (= reinen) Herzens sind, denn sie werden Gott schauen. 9 Selig, die Frieden stiften, denn sie werden Söhne Gottes heißen. 10 Selig, die um der Gerechtigkeit willen verfolgt werden, denn ihrer ist die Himmelsherrschaft. 11 Selig seid ihr, wenn sie euch schmähen und verfolgen und lügnerisch alles Böse gegen euch sagen um meinetwillen. 12 Freut euch und jubelt, denn euer Lohn in den Himmeln ist groß. So nämlich haben sie die Propheten vor euch verfolgt.

Möglichkeit der Meditation

– Vor mir liegt ein hoher Berg ... ich vermute Dich oben auf dem Gipfel ... ich steige mühsam hinauf ... da eröffnet sich mir ein überraschender Anblick: Wo ich den Gipfel vermutete, liegt vor mir ein tief eingesenktes Tal, umschlossen von den steilen Wänden des Bergkammes ...
Nicht auf der Höhe des Gipfels wartest Du auf mich ... sondern auf dem Grund des Tales ...
Das Hinaufsteigen steht nur am Beginn des Weges ... Du preist all jene selig, die weitergehen ... nach unten ... immer weiter nach unten ... bis sie den letzten Sprung in die Tiefe wagen ... hinein in Deine Liebe ...
– Viele Wege führen vom Bergkamm hinunter zum Grund des Tales ... ich umschreite das Tal langsam, halte bei jedem

Weg inne, ob es vielleicht der Weg ist, der *mich* in die Tiefe führt, auf dem Du mich zu Dir rufst ... Dabei spreche ich – (wenn es mich dazu drängt, im Rhythmus meines Atems) – die Worte, die unter Deiner Verheißung mehr und mehr zu leuchten beginnen:

Selig, die geistig Armen ... (ich bin arm ... arm vor Dir ...)

Selig die Trauernden ... (ich trauere: um Verlorenes, um mein Versagen ..., um ...)

Selig die Gütigen ... (ich verzichte darauf, um meinen eigenen Vorteil zu kämpfen ...)

Selig, die hungern und dürsten nach der Gerechtigkeit ... (ich habe Sehnsucht, anders zu sein, besser zu sein, als ich bin ...)

Selig die Barmherzigen ... (ich kann nicht teilnahmslos fremdes Leid ansehen ...)

Selig, die aufrichtigen, reinen Herzens sind ... (in mir ist Sehnsucht nach Klarheit, Reinheit, Licht in meinem Leben ...)

Selig, die Frieden stiften ... (ich leide unter Spannungen in meiner Umgebung ...)

Selig, die um der Gerechtigkeit willen verfolgt werden ... (ich empfinde es als hart, als Christ oft anders sein zu müssen als die Menschen um mich her ...)

Salz der Erde

13 Ihr seid das Salz der Erde. Wenn aber das Salz dumpf geworden ist, womit wird man salzen? Es taugt zu nichts mehr als hinausgeworfen von den Menschen zertreten zu werden.

Symbolmeditation

„Salz"
– Ich sehe ein wenig Salz vor mir ...
  Ich fühle es mit den Spitzen der Finger ...
  Ich schmecke es auf meiner Zunge ...
  Ich schmecke ein Stück ungesalzenes Fleisch ...
  Ich schmecke ein Stück gesalzenes Fleisch ...
– Ich befrage das Salz nach seinem Sinn:
  Salz löst sich, um der Speise zu ihrem Eigengeschmack zu
  verhelfen ...
  Salz braucht etwas, in dem es sich lösen kann ...
  Salz ist in geringsten Mengen wirksam ...
  Salz im Übermaß kann die Speise verderben ...
  Salz hindert die Fäulnis ...
– Ich schaue auf mein Leben:
  Ist es schal, oder hat es Würze? ...
  Was gibt eigentlich meinem Leben „Würze"? ...

Christusmeditation

– Wir können nur deshalb Salz der Erde sein, weil Du „Salz"
  unseres Lebens bist ...
– Ich schaue Dein Leben als „Salz" der Erde ...
– Ich schaue mein Leben, dessen „Salz" Du bist ...

Nachfolgemeditation

– Ich schaue mich in einem meiner Lebensbereiche ...
– Ich identifiziere mich mit dem Salz in seinen verschiedenen
  Wirkmöglichkeiten ...
– Ich lasse alles zum Gebet werden ...
– Ich gehe nach und nach alle meine verschiedenen Lebensbe-
  reiche meditierend durch ...

Licht der Welt

14a Ihr seid das Licht der Welt (...) 15 Auch brennen sie nicht eine Lampe und setzen sie unter den Scheffel, sondern auf den Leuchter. Und sie leuchtet allen im Haus. 16 So leuchte euer Licht vor den Menschen, daß sie eure guten Werke sehen und euren Vater in den Himmeln preisen.

Symbolmeditation

„Licht"
- Ich schaue verschiedene Lichtquellen: ...
  Ich verweile bei einem Bild ...
  Ich erlebe, wie das Licht die Finsternis erhellt ...
- Ich befrage das Licht nach seinem Sinn:
  Licht verwandelt Materie in Helligkeit ...
  Licht verwandelt Materie in Wärme ...
  Licht macht sichtbar, was ohne dieses unsichtbar bliebe ...
  Licht ruft Wachstum hervor ...
  Licht ruft Freude hervor ...
- Ich schaue auf mein Leben:
  Wie sind Licht und Dunkelheit verteilt? ...
  Woher empfängt mein Leben Licht? ...

Christusmeditation

- Wir können nur deshalb Licht der Welt sein, weil Du das Licht unseres Lebens bist ...
- Ich schaue Dein Leben als Quelle des Lichtes ...
- Ich trete in Dein Licht, setze mich ihm aus, fühle, wie mein Leben davon durchleuchtet ... erwärmt ... wird ...

Nachfolgemeditation

- Ich schaue mich in einem meiner Lebensbereiche ...
- Ich identifiziere mich mit dem Licht in seinen verschiedenen Sinnbezügen ...
- Ich lasse alles zum Gebet werden ...
- Ich gehe nach und nach meine verschiedenen Lebensbereiche meditierend durch ...

Stadt auf dem Berg

14b Nicht kann eine Stadt verborgen sein, die auf dem Berg liegt.

Symbolmeditation

„Stadt auf dem Berg"
- Ich schaue eine Stadt oder ein Dorf auf dem Berg ...
- Ich fühle mich hinein in die Vorteile und Nachteile solcher Höhenlage ...
- Ich sehe mein Leben als solche Stadt: Liegt es auf dem Berg oder im Tal? ...

Christusmeditation

- Ich schaue Dein Leben, Herr, wie Du – fast gegen Deinen Willen – immer mehr in das Blickfeld der Menschen gekommen bist ...
- Ich schaue Dein Leben, Herr, wie auch das, was Du im Verborgenen getan hast, offenbar geworden ist ...

Nachfolgemeditation

- Ich schaue mein Leben als den Ort, wo Du, sichtbar für alle Menschen, Gestalt gewinnen willst ...
- Ich schaue auf die Menschen meines Lebensraumes: Haben sie schon etwas von Deiner gestaltenden Kraft in meinem Leben gespürt? ...
- Ich schaue auf das, was in meinem Leben vor den Augen der Menschen verborgen ist – wartet es auf das Offenbarwerden, oder fürchtet es sich davor? ...

Erfüllte Sehnsucht

17 Meinet nicht, daß ich gekommen bin, das Gesetz oder die Propheten aufzulösen; ich bin nicht gekommen aufzulösen, sondern zu erfüllen. 18 Denn Amen, ich sage euch: Bis der Himmel und die Erde vergeht, wird kein Jota oder Häkchen vom Gesetz vergehen, bis alles geschieht. 19 Wer nun eines von diesen geringsten Geboten löst und so die Menschen lehrt, wird Geringster heißen in der Himmelsherrschaft. Wer es aber tut und lehrt, der wird groß heißen in der Himmelsherrschaft. 20 Denn ich sage euch: Wenn eure Gerechtigkeit die der Schriftgelehrten und Pharisäer nicht bei weitem übertrifft, werdet ihr nicht in die Himmelsherrschaft eintreten.

Grundmeditation

„erfüllen" – „auflösen"
Es gibt Tage in meiner Erinnerung, die sich wie „aufgelöst" haben, Tage, die ins Nichts zu zerfließen scheinen ..., und es gibt Tage, die mir bis an den Rand erfüllt vorkommen ... Ich lasse die Erinnerung an solche Tage in mir aufsteigen ... die Leere ... die Fülle ...

Textmeditation

Du bist gekommen, um Gesetz und Propheten zu erfüllen:
– Das „Gesetz" ist Zeichen für die Sehnsucht des Menschen nach Gerechtigkeit vor Gott ...
  ich meditiere ein Gesetz, dem mein Leben unterstellt ist ...
  seinen tiefen Sinn ...
  seine Gefahren ...
  seine Erfüllung – im Buchstaben ... im Geist ...

– Die „Propheten" sind Zeichen für die Sehnsucht Gottes
  nach Einheit mit uns Menschen ...
  ich meditiere einen der Propheten ...
  ich sehe durch ihn den Willen Gottes ...
  ich sehe, wie er seinen Auftrag erfüllt ...
  wie er hinter der Erfüllung zurückbleibt ...

Christusmeditation

– Du, Herr, erfüllst das Gesetz ...
  Du zeigst mit Deinem Leben, wie Du das Gesetz in seinem
  tiefsten Anliegen erfüllst ... Du erfüllst – damit wir auch erfüllen können ...
– Du, Herr, erfüllst die Propheten ...
  Das Anliegen jedes Propheten – Du erfüllst es ... Die Sehnsucht Gottes, die sich darin symbolisiert – Du erfüllst sie ...

Tiefenmeditation

Ich in Dir – Du in mir – Erfüllung aller menschlicher Sehnsucht – Erfüllung der Erwartung Gottes ...

Wenn der Bruder etwas gegen mich hat

21 Ihr habt gehört, daß zu den Alten gesagt wurde: Du sollst nicht töten; wer aber tötet, soll des Gerichts schuldig sein. 22 Ich aber sage euch: Jeder, der seinem Bruder zürnt, soll des Gerichts schuldig sein. Wer aber seinem Bruder sagt: Raka! soll des Synhedrions schuldig sein. Wer aber sagt: Du Narr! soll der Feuergehenna schuldig sein.

23 Wenn du darum deine Gabe auf dem Altar opfern läßt und dich dort erinnerst, daß dein Bruder etwas gegen dich hat, 24 so laß deine Gabe dort vor dem Altar, und geh, zuerst versöhne dich mit deinem Bruder. Und dann komm und opfere deine Gabe.

25 Sei freund deinem Widersacher, eilend, so lang du noch mit ihm auf dem Weg bist, damit der Widersacher dich nicht an den Richter ausliefert, und der Richter an den Diener, und du in das Gefängnis geworfen wirst. 26 Amen, ich sage dir: Du wirst von dort nicht herauskommen, bis du den letzten Quadrans zurückbezahlt hast.

Grundmeditation

„töten" – „tödlich"; „morden" – „mörderisch" ...
(ich meditiere, was in diesen Worten mitschwingt) ...

Text- und Bußmeditation

– „Jeder, der seinem Bruder zürnt" ...
   Ich erinnere mich an eine Situation, wo ich zornig war, erlebe sie noch einmal ...
   Ich versuche, jetzt möglichst sachlich anzuschauen, womit mich der andere in Zorn versetzt hat ... versuche, es von ihm her zu verstehen ...
   Im Licht Deiner Gegenwart, Herr, schaue ich die (unlaute-

ren) Motive meines Zornes an und verweile dabei, ohne auszuweichen: So bin ich! ... das bin ich! ...

Ich setze mich Deinem Wort aus: Wer zürnt, der mordet! ...

– „und dich dort erinnerst, daß dein Bruder etwas gegen dich hat" ...

Ich lasse die Menschen meines engsten Lebensraumes an meinem inneren Auge vorüberziehen: Wer hat etwas gegen mich? ...

Ich verweile bei einem von ihnen – lausche auf seine verborgenen oder offenen Anklagen gegen mich ...

Ich öffne mich der Wahrheit, die im Kern dieser Anklage verborgen ist ...

– „versöhne dich mit deinem Bruder" ...

Ich schaue unsere Uneinigkeit im Bild einer Mauer, die den Bereich unseres Lebens vor Dir abschließt ...

Ich schaue unsere Versöhnung als eine Pforte in der Mauer, durch die Du wieder Zugang zu unserem Leben bekommst ...

Das Opfer, das die Versöhnung von mir fordert, sehe ich als einen Teil des Opfers, das ich Dir darbringe ...

Möglichkeiten der Tiefenmeditation

– Ich danke für die Menschen, die mir meine Fehler sagen ... ich verharre in dieser Haltung, bis mein Wille und vielleicht auch mein Gefühl einstimmen ...

– Ich bitte um Menschen, die mir meine Fehler sagen ... ich verharre bei dieser Bitte, bis sie von meinem ganzen Sein getragen wird ...

– Ich danke für die Menschen, mit denen ich nicht leicht zurechtkomme ... ich verharre bei diesem Dank, bis er zum Lobpreis wird, daß Du mir Gelegenheiten anbietest, mich noch „auf dem Weg" zu versöhnen ...

Geheimnis des Du

27 Ihr habt gehört, daß gesagt wurde: Du sollst nicht ehebrechen.
28 Ich aber sage euch: jeder, der eine Ehefrau ansieht, sie zu begeh-
ren, hat schon die Ehe mit ihr gebrochen in seinem Herzen. 29 Ärgert dich aber dein rechtes Auge, so reiß es aus und wirf es von dir.
Denn es ist besser für dich, wenn eines deiner Glieder verloren
geht und nicht der ganze Leib in die Gehenna geworfen wird. 30
Und ärgert dich deine rechte Hand, so hau sie ab und wirf sie von
dir. Denn es ist besser für dich, wenn eines deiner Glieder verloren
geht und nicht der ganze Leib in die Gehenna dahinfährt.
31 Es aber wurde gesagt: Wer seine Frau entläßt, soll ihr einen
Scheidebrief geben. 32 Ich aber sage euch: Jeder, der seine Frau entläßt, außer dem Fall der Unzucht, bewirkt, daß sie zur Ehebrecherin wird. Und wer eine Entlassene heiratet, der bricht die Ehe.

Grundmeditation

„Ehe" *(Symbolmeditation)* ...
(ich meditiere verschiedene Aspekte der Ehe ... übertrage sie
auf den Bund zwischen Dir und Deinem Volk ... zwischen Dir
und mir ...)

Textmeditation

– Ich schaue die Ehe als den Raum, der mich in der Ganzheit
  meines Lebens an den einen Partner bindet ...
  ich übertrage das auf mein Verhältnis zu Dir ...
– Ich schaue die Versuchungen, diese ausschließliche Bindung
  zu durchbrechen ...
  ich übertrage das auf mein Verhalten zu Dir ...
– Ich schaue die Tat als den sichtbaren Trieb des verborgenen
  Wurzelgeflechtes, das den ganzen Erdboden durch
  wuchert ...
  ich übertrage das auf mein Sein vor Dir ...
– Ich schaue die Bilder des Textes:
  Ausreißen des Auges – Abschlagen der Hand ...
  ich lasse meinen Kampf gegen die Sünde von diesen symbolischen Bildern beleuchten ...
– Ich schaue das Schicksal einer entlassenen Ehefrau in Israel
  („bewirkt, daß sie zur Ehebrecherin wird") ...
  ich sehe auf meine Verantwortung gegenüber den heiligen
  Bindungen anderer ...

Tiefenmeditation

Heiliges Geheimnis: Das „Du" des Menschen – Symbol für das
„Du" Gottes ...

Ja oder Nein

33 Weiter habt ihr gehört, daß zu den Alten gesagt wurde: Du sollst keinen Meineid schwören, sollst aber dem Herrn deine Eide einlösen. 34 Ich aber sage euch: Schwöret überhaupt nicht; auch nicht beim Himmel, denn er ist Gottes Thron; 35 auch nicht bei der Erde, denn sie ist der Schemel seiner Füße; auch nicht bei Jerusalem, denn es ist die Stadt des großen Königs. 36 Auch nicht bei deinem Haupt sollst du schwören, denn du vermagst nicht ein Haar weiß oder schwarz zu machen. 37 Eure Rede aber sei: Ja, ja; Nein, nein. Was darüber ist, das ist vom Bösen.

Grundmeditation

„Wort" – Träger einer verborgenen Vollmacht ... (z. B. ein Befehl)

Textmeditation

– Du fragst mich: Werden deine Worte getragen von deinem Sein, deinem Tun, deinen Möglichkeiten? ...
  (deine eigenen Vorsätze – deine Worte vor Menschen – deine Versprechen vor Gott u. a.) ... ich stelle mich dieser Frage ...
– Du warnst mich: Benutze nicht deine Worte, um damit über etwas zu verfügen, über das dir keine Verfügungsgewalt zusteht! ...
  (deine Zeit, deine Kraft, dein Besitz ist nicht einfach dein Eigentum, ebensowenig wie Zeit, Kraft, Besitz deines Mitmenschen ...)
  ich lasse diese Warnung in mich ein ...
– Du bittest mich: Sage wenig, aber dieses Wenige sei getragen von deinem Leben, und dieses Leben stehe im Einklang mit dem Willen des Vaters! ...
  ich öffne mich dieser Bitte ...

Christusmeditation

Ich schaue Dich an: Dein ganzes Leben war ein „Ja, Vater" und ein „Weiche, Satan, von mir" ...

Tiefenmeditation

„Ja, Vater" – ich hole mein Leben ein in diese Worte ...

Leistet keinen Widerstand

38 Ihr habt gehört, daß gesagt wurde: Auge um Auge und Zahn um Zahn. 39 Ich aber sage euch: Nicht sich wehren gegen den Übeltäter, sondern wer dich auf die rechte Wange schlägt, dem wende auch die andere zu. 40 Und wer mit dir vor Gericht gehen will, um dir den Leibrock zu nehmen, dem laß auch den Mantel. 41 Und wer dich zu einer Meile Weggeleit nötigt, mit dem geh zwei. 42 Dem, der dich bittet, gib, und von dem, der von dir leihen will, wende dich nicht ab.

Christusmeditation

„Nicht sich wehren gegen den Übeltäter" – Ich schaue Dein Leben, Herr, wie Du selbst dieses Wort verwirklicht hast ...

Textmeditation

Ich meditiere die symbolischen Bilder des Textes und lasse von ihnen mein Leben beleuchten: ...
– Der Schlag auf die Wange – das Hinhalten der anderen ...
– Das Nehmen des Hemdes – das Lassen des Mantels ...
– Die Forderung der Begleitung – das freiwillige Mitgehen der doppelten Strecke ...

Möglichkeiten der Tiefenmeditation

– Ich schaue, wie das Böse erst dort seine eigentliche Gewalt erhält, wo es auf Widerstand trifft ...
– Ich lasse im Schauen auf Dich Dein Geheimnis in mich ein, daß der eigentliche Sieg über das Böse in mir selbst geschieht, dort, wo ich mich ihm ausliefere ...
– Ich baue in mir den Widerstand ab ...

Lebensmeditation

– Ich frage nach Deinem Willen, Herr:
  Wo bin ich in meinem Leben dem Bösen konfrontiert? ...
  Wie versuche ich, mich davor abzuschirmen? ...
– Ich bitte Dich, mir zu zeigen, durch welche konkreten Gesten ich in Dein Geheimnis eintrete und Deinen Auftrag verwirklichen kann:
  „Nicht sich wehren gegen den Übeltäter" ...
  Ich meditiere diese Gesten voraus, um sie dann zu vollziehen ...

Der Feind wird Freund

43 Ihr habt gehört, daß gesagt wurde: Du sollst deinen Nächsten lieben und du sollst deinen Feind hassen. 44 Ich aber sage euch: Liebet eure Feinde und betet für die, die euch verfolgen, 45 damit ihr Söhne eures Vaters in den Himmeln werdet, der seine Sonne aufgehen läßt über Bösen und Guten und regnen läßt über Gerechte und Ungerechte. 46 Denn wenn ihr die liebt, die euch lieben, welchen Lohn habt ihr? Tun nicht auch die Zöllner dasselbe? 47 Und wenn ihr allein die grüßt, die euch grüßen, was tut ihr Besonderes? Tun nicht auch die Heiden dasselbe? 48 Werdet ihr also vollkommen, wie euer himmlischer Vater vollkommen ist.

Vorausbesinnung

Liebe ist eine Kraft im Leben, welche zur Vollkommenheit hinstrebt: ich liebe, was mir Erfüllung schenken will, was mich
besser macht, was vollkommener ist als ich ...

Grundmeditation

Der Mensch teilt seine Umwelt ein in „Freund" und „Feind" ...
(das geschieht nicht nur im Blick auf die Menschen, sondern
auch auf andere Geschehnisse: Freude – Schmerz; Erfüllung –
Enttäuschung; Erfolg – Mißerfolg; usw.)
Ich schaue auf das Kreuz, die Umkehr aller Werte ...

Textmeditation

– Kind Gottes sein heißt: Den „Feind" liebend annehmen ...
  Ich liebe, was mich meinem Ziel näherbringt ...
  Ich schaue auf das Kreuz: Leiden als Mittel des Heiles ...
– Kind Gottes sein heißt: Den „Feind" liebend beschenken ...
  Ich schenke gern, wo ich selbst dadurch reicher werde ...
  Ich schaue auf das Kreuz: Hingabe als Weg zur Fülle des Le-
  bens ...
– Kind Gottes sein heißt: Vollkommen sein wie der Vater im
  Himmel ...
  Wer im Kreuz den Weg zu seiner wahren Erfüllung zu lie-
  ben versucht ...,
  wer im Schenken sich dorthin verströmt, wo er nichts Sicht-
  bares wiederbekommt ...,
  der schafft den Leerraum, in den Gottes Fülle einströmen
  wird ...

Tiefenmeditation

Ich schaue Dich, Herr, in Deiner souveränen Vollmacht, alle Ele-
mente dieses Äons zu Bausteinen Deines Reiches zu machen –
und ich lasse mich in dieses Geheimnis hineinziehen ...

Aus Liebe geben

1 Hütet euch, eure Gerechtigkeit vor den Menschen zu tun, um von ihnen gesehen zu werden. Sonst habt ihr keinen Lohn bei eurem Vater in den Himmeln. 2 Wenn du nun Almosen gibst, posaune es nicht vor dir her, wie es die Heuchler tun in den Synagogen und auf den Gassen, um von den Menschen gerühmt zu werden. Amen ich sage euch: Sie haben ihren Lohn empfangen. 3 Du aber, wenn du Almosen gibst, soll deine Linke nicht wissen, was deine Rechte tut, 4 damit dein Almosen im Verborgenen sei. Und dein Vater, der in das Verborgene sieht, wird es dir vergelten.

Grundmeditation

– Ich meditiere: Ich gehe durch die Straßen – da kommt jemand mit einer Sammelbüchse auf mich zu – dann noch jemand – dann noch jemand ...
  Ich erlebe mein Verhalten – beobachte meine Gefühle ...
– Ich meditiere: Ich bin zu Hause mit einer wichtigen Arbeit beschäftigt – es klingelt – ich werde um einen Hilfsdienst gebeten, der Zeit und Kraft fordert ...
  Ich beobachte mein Verhalten – meine Gefühle ...

Offenbarungswahrheiten des Textes

– Was ich anderen Menschen aus Liebe gebe, willst Du selbst mir aus göttlicher Fülle zurückerstatten ...
– Wo ich nur helfe, um anerkannt zu werden, ziehst Du Deinen Lohn zurück ...
– Wo ich nur helfe, um meine Pflicht zu tun und vor mir selbst gut abzuschneiden, ziehst Du Deinen Lohn zurück ...

Lebensmeditation

Ich meditiere einen Menschen, der meine Hilfe braucht:
– Meine Hilfe kann vom Verstand ausgehen:
  ich überlege, was er braucht, erwäge Verlust und Gewinn ...
– Meine Hilfe kann vom Gefühl ausgehen:
  ich fühle seine Not mit, lasse mein Handeln vom Mitleid bestimmen ...
– Meine Hilfe kann vom Herzen, der Personmitte ausgehen:
  ich öffne mich Deiner Liebe, die durch mich diesen Menschen erreichen will ...
  ich schaue nur noch auf den, der Hilfe braucht ...
  ich vergesse mich, ohne es zu merken ...
  ich werde zum Werkzeug Deiner Liebe ...

Rechtes Beten

5 Und wenn ihr nun betet, seid nicht wie die Heuchler. Denn sie lieben es, in den Synagogen und an den Straßenecken zu stehen und zu beten, um den Menschen aufzufallen. Amen ich sage euch: Sie haben ihren Lohn empfangen. 6 Du aber, wenn du betest, tritt ein in deine Kammer, und nachdem du die Tür geschlossen hast, bete zu deinem Vater im Verborgenen. Und dein Vater, der in das Verborgene sieht, wird es dir vergelten. 7 Wenn ihr aber betet, redet nicht Sinnloses wie die Heiden. Denn sie meinen, erhört zu werden, wenn sie viel Worte machen. 8 Darum ahmt sie nicht nach. Denn euer Vater weiß, was ihr braucht, bevor ihr ihn bittet.

9 So nun sollt ihr beten:
Unser Vater in den Himmeln,
Geheiligt werde dein Name.

10 Es komme deine Königsherrschaft.
Es geschehe dein Wille
wie im Himmel so auf Erden.

11 Das Brot, das wir brauchen, gib uns heute.

12 Und vergib uns unsere Schulden,
wie auch wir unseren Schuldnern vergaben.

13 Und führe uns nicht in Versuchung,
sondern erlöse uns vom Bösen.

14 Denn wenn ihr den Menschen ihre Vergehen vergebt, wird euch euer himmlischer Vater vergeben. 15 Wenn ihr aber den Menschen nicht vergebt, wird euer Vater eure Vergehen nicht vergeben.

Grundmeditation

Mein Beten ist wie ... *(Metaphermeditation)*

Textmeditation

– „nachdem du die Tür geschlossen hast, bete zu deinem Vater im Verborgenen ..."
Beten heißt, in den Raum eintreten, wo ich ganz allein bin mit Dir ..., wo Du auf mich wartest ...
– „euer Vater weiß, was ihr braucht, bevor ihr ihn bittet" ...
Beten heißt, mich Dir anvertrauen – gewiß, daß Du besser weißt als ich selbst,
was ich brauche ...
was mir gut ist ...
wo das tiefste Ziel meines Daseins liegt ...
– „so nun sollt ihr beten ..."
Dieses Gebet beten heißt, mich in Dein Beten hineinziehen zu lassen:
Dein Beten ist getragen von Deinem Leben – ich schaue zu jeder Bitte ein Bild Deines Lebens und verweile bei einem ...
Mein Beten sei getragen von meinem Leben – Ich schaue zu jeder Bitte ein Bild meines Lebens und verweile bei einem ...
Mein Beten bezieht den Mitmenschen ein – ich blicke auf einen Menschen, der mir zur Fürbitte anvertraut ist, schaue zu jeder Bitte ein Bild seines Lebens (seines Schicksals) und verweile fürbittend dort, wo es am nötigsten ist ... (bzw. erscheint) ...
– „wenn ihr vergebt" ...
Beten setzt voraus, daß ich schrankenlos vergebe ...
Wer seine eigene Schuld erfahren hat und unter ihr leidet, dem können Menschen, die ihm Unrecht tun, Geschenke sein, Möglichkeiten, die Du ihm anbietest, um selbst Vergebung zu erhalten.

61

Rechtes Fasten

16 Wenn ihr aber fastet, schaut nicht sauer drein wie die Heuchler. Denn sie entstellen ihre Gesichter, um den Menschen mit dem Fasten aufzufallen. Amen ich sage euch: Sie haben ihren Lohn empfangen. 17 Du aber, wenn du fastest, salbe dein Haupt und wasche dein Gesicht, 18 damit du den Menschen nicht mit dem Fasten auffällst, sondern deinem Vater im Verborgenen. Und dein Vater, der in das Verborgene sieht, wird es dir vergelten.

Grundmeditation

„fasten" (wörtlich – übertragen) ...

Textmeditation:

– Ich schaue auf die Wahrheit, daß der Mensch zum Leben
  mehr braucht als „Brot" allein ...
  wo habe ich davon in meinem Leben etwas erfahren? ...
– Ich schaue auf die Möglichkeit des Menschen, sich durch
  freiwilligen Verzicht (auf Geringeres, um Größeres zu erlan-
  gen) einzuüben ...
  wo habe ich dazu konkrete Möglichkeiten in meinem Leben? ...
– Ich schaue auf die verschiedenen Stufen des „Fastens":
  das freiwillige Verzichten auf etwas, was mir nicht schwer-
  fällt ...
  das Loslassen-Müssen von etwas, das mir wertvoll ist ...
  die Freiheit, alles lassen zu können (um alles zu besitzen!) ...
  in welchen Bereichen meines Lebens bin ich zu diesem Fasten gerufen? ...
– Ich schaue auf das Fasten, wie Du es gemeint hast:
  Zeichen des Leerseins zu setzen – bis in die Bereiche des
  Leiblichen hinein –,
  um Deine Fülle aufnehmen zu können – bis in die Bereiche
  des Leiblichen hinein ...
  wo halte ich fest, was mir mehr wert ist als Deine Gabe? ...
– Ich schaue auf die Gefahr der Heuchler, sich mit vorläufiger
  Erfüllung zu begnügen, menschliche Anerkennung dem verborgenen Lohn der letzten Erfüllung vorzuziehen ...
  woher erwarte ich meinen „Lohn"? ...

Tiefenmeditation

Je leerer ich bin, desto offener bin ich für Dich ...

Wahre Schätze

19 Ihr sollt euch nicht Schätze auf Erden sammeln, wo Motte und Wurm sie zerstören und wo Diebe einbrechen und stehlen. 20 Sammelt euch aber Schätze im Himmel, wo weder Motte noch Wurm sie zerstören und wo Diebe nicht einbrechen noch stehlen. 21 Denn wo euer Schatz ist, da wird auch euer Herz sein.

22 Das Auge ist die Leuchte des Leibes. Wenn nun dein Auge gut ist, wird dein ganzer Leib licht sein. 23 Wenn aber dein Auge schlecht ist, wird dein ganzer Leib finster sein. Wenn also das Licht in dir Finsternis ist, was für eine Finsternis!

Grundmeditation

Ich schaue mein Leben als eine „Quelle", die ihr Wasser in den umliegenden Lebensraum hineinfließen läßt ... *(Symbolmeditation)*

Textmeditation

– „Ihr sollt euch nicht Schätze auf Erden sammeln" ...
Ich schaue mein Leben in seinen verschiedenen Bezügen: Wo gebe ich mein Bestes? ... Wohin strömen meine Kräfte? ... Sind es vergängliche Werte? ...
– „Sammelt euch Schätze im Himmel" ...
Ich schaue, wie mit meinen Kräften ein Stück meines Herzens verströmt ... ich sinne dem nach, wie alle Kräfte des Leibes und Kräfte des Herzens aufgehoben, aufbewahrt werden, wo ich sie einströmen lasse in das, was bleibend ist ...
– „Wo euer Schatz ist, da ist auch euer Herz" ...
Ich schaue das „Opfer" als Mittel, durch das meine Liebe wachsen kann ...
– „Das Auge ist die Leuchte des Leibes" ...
Ich meditiere das Auge als Organ, welches das Licht der Außenwelt in mich einläßt ... entspricht dem Auge das liebende Herz, das Dich, Herr, in mich einläßt? ...
– „Wenn dein Auge gut ist" ...
Alle Schöpfung vermittelt Dein Licht, Herr, in gebrochenem Glanz – wo ich die Liebe meines Herzens Dir zuwende, dort bin ich geöffnet für die Fülle des „Lichtes" ...

Sorget euch nicht

24 Niemand kann zwei Herren dienen. Denn entweder wird er den einen hassen und den anderen lieben, oder er wird dem einen anhangen und den anderen verachten. Ihr könnt nicht Gott dienen und dem Mammon.

25 Deshalb sage ich euch: Sorget nicht für euer Leben, was ihr essen oder was ihr trinken werdet, auch nicht für euren Leib, was ihr anziehen werdet. Ist nicht das Leben mehr als die Speise und der Leib mehr als die Kleidung? 26 Betrachtet die Vögel des Himmels: sie säen nicht, sie ernten nicht, sie sammelt nicht in Scheunen. Und euer himmlischer Vater ernährt sie. Seid ihr nicht viel mehr als sie? 27 Wer von euch, der sich sorgt, kann seiner Lebenslänge eine Elle zusetzen? 28 Und was sorgt ihr für die Kleidung? Schaut die Lilien auf dem Feld, wie sie wachsen. Sie arbeiten nicht, sie spinnen nicht. 29 Ich sage euch aber: Salomo in seiner ganzen Pracht war nicht gekleidet wie eine von diesen. 30 Wenn Gott das Gras des Feldes, das heute steht und morgen in den Ofen geworfen wird, so kleidet, um wieviel mehr euch, Kleingläubige? 31 Darum sollt ihr nicht sorgen und sagen: Was werden wir essen? oder: was werden wir trinken? oder: was werden wir anziehen? 32 Denn nach allem diesem trachten die Heiden. Euer himmlischer Vater weiß nämlich, daß ihr dies alles braucht. 33 Trachtet zuerst nach seiner Herrschaft und Gerechtigkeit, und dieses alles wird euch dazugegeben werden.

34 Sorget also nicht für das Morgen. Denn das Morgen wird für sich selber sorgen. Genug hat der Tag seiner Plage.

Grundmeditation

„Niemand kann zwei Herren dienen" ... (Wo gibt es in meinem Leben das erlaubte „sowohl – als auch"? ... wo ist das klare „entweder – oder" gefordert? ...)

Textmeditation

– „Ihr könnt nicht Gott dienen und dem Mammon" ...
Vater – welchen Raum nimmst Du in meinem Leben ein im Vergleich zu den materiellen Gütern? ... wie könnte ich das graphisch darstellen? ... bin ich sensibel, die Sogkraft der Dinge und Menschen zu fühlen, wenn sie mich vereinnahmen wollen? ... binden sie mich dort an meisten, wo ich Angst habe, sie zu verlieren? ...
– „Sorget nicht" ...
Vater, Dein Gebot ist Angebot: Wo ich meine eigenen Sorgen loslasse, werde ich aufgefangen von Deiner Fürsorge ... ich lasse mich fallen und auffangen ...
– „Schaut" ...
Vater, so bist Du! Ich schaue eines der vorgestellten Bilder an (die Vögel – die Lilien –) ... ich fühle den Blick Deiner Liebe, die auf Deinen Geschöpfen ruht ... ich fühle diesen Blick auf mir: Seid ihr nicht viel mehr als sie? ...
ich verweile unter diesem Blick ...
– „und dieses alles wird euch dazugegeben werden" ...
Vater, was ich zurücklasse, um Dich zu suchen, wird als „Zugabe" erst wahrhaft mein Eigentum ...
Es gibt Dinge, die erreicht man erst, wenn man nicht mehr auf sie zugeht, nicht mehr auf sie wartet, keine Angst mehr hat, sie zu verlieren ...

Richtet nicht

1 Richtet nicht, damit ihr nicht gerichtet werdet. 2 Denn mit dem Gericht, mit dem ihr richtet, werdet ihr gerichtet werden, und mit dem Maß, mit dem ihr meßt, wird euch gemessen werden. 3 Was siehst du den Splitter im Auge deines Bruders, des Balkens in deinem Auge aber wirst du nicht gewahr? 4 Oder magst du zu deinem Bruder sagen: Laß mich den Splitter aus deinem Auge herausziehen! und siehe, der Balken (ist) in deinem Auge? 5 Heuchler, ziehe zuerst den Balken aus deinem Auge heraus, dann magst du zusehen, den Splitter aus dem Auge deines Bruders herauszuziehen.

Grundmeditation

Dein Gebot – Dein Angebot: Du willst mich dem Gericht entnehmen ...

Textmeditation

– Ich lasse mein ganzes Sein sich sammeln im Grund meiner Seele. Dort fühle ich den tiefen Wunsch meines Daseins: ich möchte angenommen sein ... geliebt sein ... bejaht werden ... anerkannt werden ... All dies ist gesammelt als Wunsch in mir anwesend ...
– Du bahnst mir den Weg zu diesem Wunsch in der Tiefe meines Wesens: dort, wo ich mich von einem Menschen *so* angenommen erlebe – ... aber auch dort, wo menschliche Ablehnung diese Sehnsucht besonders tief aufbrechen läßt ...
– Ich fühle, daß ich nur ganz in die Tiefe gelange, wo ich darauf verzichte, mir selbst diese Sehnsucht – auf Kosten anderer – zu erfüllen: Wo ich einen anderen richte oder „messe", stelle ich mich selbst über ihn – halte mich (bildlich gesehen) am Rande fest, wo ich in die Tiefe sinken dürfte ...
– Ich schaue die Symbolik der Bilder vom Splitter und vom Balken im Auge: immer wiegt die eigene Schuld unmeßbar viel schwerer als die Schuld des Bruders. Wo ich die eigene Schuld auf mich nehme, darf ich tiefer sinken ...

Tiefenmeditation

Ganz „unten" wartest Du auf mich – ich versinke in Dir – geliebt ... bejaht ... angenommen ... von Dir, dem lebendigen Gott ...

Würde des Heiligen

6 Ihr sollt das Heilige nicht den Hunden geben, und ihr sollt eure Perlen nicht vor die Schweine werfen, damit sie diese nicht mit ihren Füßen zertreten und sich umwenden und euch zerreißen.

Grundmeditation

„würdig sein" *(Symbolmeditation)*

Textmeditation

- Wer Dir gehört, Herr, dem vertraust Du kostbarste Gaben an („Perlen") ...
- Wer diese Gaben empfangen hat, hat den Auftrag, sie weiterzugeben ...
- Wer sie weitergeben will, muß wissen, daß es Grenzen gibt ...
- Grenzen können dort sein, wo der Wert der Gabe verachtet wird ...
- Wo diese Gaben weitergegeben werden, liefert sich der Gebende in ihnen selbst wehrlos aus ...

Christusmeditation

Ich schaue Dein Sein und Dein Leben unter dieser Beleuchtung und bete Dich an:
- Träger der Fülle göttlicher Gaben ...
- Geber dieser unerschöpflichen Fülle ...
- Weinender über den Unglauben der Menschen ...
- Verachteter durch die, bei denen Du Deine größten Taten getan hast ...
- Zerrissener von denen, denen Du Dich als Gebender ausgeliefert hast ...

Tiefenmeditation

Herr, ich bin nicht würdig –
mach Du mich würdig, Deine Gabe zu empfangen ...

Bitten – suchen – anklopfen

7 Bittet, und es wird euch gegeben werden; suchet, und ihr werdet finden; klopft an, und es wird euch geöffnet werden. 8 Denn jeder Bittende empfängt, und der Suchende findet und dem Anklopfenden wird geöffnet. 9 Oder welcher Mensch unter euch, den sein Sohn um Brot bittet, wird ihm einen Stein geben? 10 Oder er bittet um einen Fisch, wird er ihm eine Schlange geben? 11 Wenn darum ihr, die ihr böse seid, euren Kindern gute Gaben zu geben wißt, um wieviel mehr wird euer Vater in den Himmeln denen Gutes geben, die ihn bitten.

12 Alles nun, das ihr wollt, daß euch die Menschen tun sollen, das tut ihr ihnen auch. Denn das ist das Gesetz und die Propheten.

Identifikationsmeditation

Ich fühle mich ein in einen Bittenden – was erlebe ich? ...

Bewegungsmeditation

Ich vollziehe die Geste des Bittens mit meinem Leibe ... ich verweile, bis ich ganz Bittender werde ...

Textmeditation

Ich meditiere das Bild des Vaters, den sein Sohn um Brot bittet ...
– ich fühle mich hinein in den Vater ...
– in das Glück, gebeten zu werden ...
– in das Glück, schenken zu können ...
– ich verweile dabei, lasse mich davon durchdringen ...
– ich schaue auf Dich, Vater: „Wieviel mehr ..."

Tiefenmeditation

Bittend nehme ich ...

Anbetungsmeditation

Du wartest auf unser Bitten, weil Du geben möchtest ...
(In entsprechender Weise kann ich „suchen" und „anklopfen"
meditieren ...)

Weg zum Leben

13 Tretet ein durch das enge Tor (die enge Pforte). Denn das Tor ist weit und der Weg ist breit, der in das Verderben führt, und viele sind es, die durch sie eintreten. 14 Wie eng ist das Tor und beschwerlich der Weg, der zum Leben führt, und wenige sind es, die ihn finden.

Bildmeditation

Der Weg in die Tiefe, wo Du, Herr, auf mich wartest, wird immer schmaler ...
einmal stehe ich vor der „engen Pforte" ...
Du selbst hast diese Pforte durchbrochen als den Weg zum Leben, indem Du durch die Mauer geschritten bist und die Öffnung für uns offenließest ...
Seitdem hat diese Öffnung genau Deine Form und Größe, Jesus Christus ...
nur, wer sich Dir gleichgestalten läßt (Röm 8,29), kann diese Pforte durchschreiten ...

Lebensmeditation

Ich fühle, wie Du, lebendiger Gott, mich dem Bild Deines Sohnes gleichgestalten willst ...:
– wollen, was er gewollt hat ...
– tun, was er getan hat ...
– bereit sein zum Leiden, wie er bereit war ...
– ich ahne etwas vom Leben, das hinter der Pforte auf mich wartet ...
– alle meine verborgenen Sehnsüchte sind ein schwacher Hinweis auf dieses Leben, das allein wahres Leben ist ...

Christusmeditation

Ich schaue Dein Leben, Herr, wie Du die Pforte geöffnet hat, hinter der es keine Grenze mehr gibt ...:
– Weg zur Fülle Deines Lebens – nicht durch Selbstverwirklichung, sondern durch Selbstentäußerung ...
– Weg zu allen Menschen – nicht durch Herrschen, sondern durch Dienen ...
– Weg zu Gott selbst, nicht durch Gottgleichheit, sondern durch letzte Gottverlassenheit ...

An der Frucht erkennt man den Baum

15 Hütet euch vor den falschen Propheten, die in Schafskleidern zu euch kommen, inwendig aber reißende Wölfe sind. 16 An ihren Früchten werdet ihr sie erkennen. Sammelt man Trauben von Dornen oder Feigen von Disteln? 17 So bringt jeder gute Baum schöne Früchte, der morsche Baum aber bringt schlechte Früchte. 18 Der gute Baum kann nicht schlechte Früchte, noch der morsche Baum schöne Früchte bringen. 19 Jeder Baum, der keine schöne Frucht bringt, wird abgehauen und ins Feuer geworfen. 20 Also: an ihren Früchten werdet ihr sie erkennen.

Textmeditation

– Ich meditiere das symbolische Bild vom Wolf im Schafs-
  kleid ...
  Habe ich Ähnliches schon erlebt? ...
  Wo bin ich selbst in dieser Gefahr? ...
– Ich meditiere das symbolische Bild vom morschen Baum,
  der schlechte Früchte trägt ...
  Fällt mir etwas ein, was ich als „schlechte Frucht" empfin-
  de? ...
  Wo mögen die Wurzeln liegen? ...
  Wie sieht das aus in meinem Leben? ...
– Ich meditiere das symbolische Bild vom guten Baum, der
  schöne Früchte trägt ...
  Was steht mir vor Augen, was ich als „schöne Frucht" emp-
  finde? ...
  Wo mögen die Wurzeln liegen? ...
  Wie sieht das aus in meinem Leben? ...

Christusmeditation

Ich schaue Dich an, Herr, wie bei Dir alles Tun aus dem Sein herauswächst ...

Existenzmeditation

– Wie klingen bei mir Äußeres und Inneres zusammen? ...
  Wie könnte das in Tönen klingen? ...
  Wo setze ich an, wenn ich etwas ändern will? ...
– Wie klingen bei mir Tun und Sein zusammen? ...
  Wie könnte das in Tönen klingen? ...
  Wo setze ich an, wenn ich etwas ändern will? ...

Fürbittmeditation

– Ich schaue die Menschen, die heute neue Wege in der Kirche suchen ...
  ich bitte für sie ... ihre Wurzeln ... ihr Wachstum ... ihre Früchte ...
– Ich schaue die Menschen, die heute alte Werte in der Kirche bewahren möchten ...
  Ich bitte für sie ... ihre Wurzeln ... ihr Wachstum ... ihre Früchte ...
– Ich schaue die Menschen, deren Wirkungen ich in meinem Leben (oder dem Leben anderer Menschen) als zerstörend empfinde ... Ich bitte für sie ... ihre Wurzeln ... ihr Wachstum ... ihre Früchte ... um Neuwerdung ...
– Ich schaue die Menschen, deren Wirkungen ich in meinem Leben (oder dem Leben anderer Menschen) als heilend empfinde ... Ich danke für sie ... ihre Wurzeln ... ihr Wachstum ... ihre Früchte ...

Reden und Tun

21 Nicht jeder, der Herr, Herr zu mir sagt, wird in die Herrschaft der Himmel gelangen, sondern der den Willen meines Vaters in den Himmeln tut. 22 Viele werden an jenem Tag zu mir sagen: Herr, Herr, haben wir nicht in deinem Namen prophezeit und in deinem Namen Dämonen ausgetrieben und in deinem Namen viele Machttaten gewirkt? 23 Und dann werde ich ihnen bekennen: Niemals habe ich euch gekannt. Weichet von mir, ihr Täter der Gesetzlosigkeit.

Grundmeditation

„Eigentlich müßte ich, aber ..." – Ich erlebe mich selbst in diesen Worten ...

Textmeditation

Herr, Du bist der Weg
– Ich betrete diesen Weg, wo ich Dich klar als meinen Herrn annehme und bekenne ...
  Was hindert mich immer wieder, diesen grundlegenden Schritt zu tun, mein Leben ganz an Dich zu binden? ...
– Ich gehe vorwärts auf diesem Weg, wo immer ich nach Deinem Willen *handle* ...
  Bin ich mir bewußt, daß das ständige *Tun* Deines Willens eine Aufgabe ist, welche die breite Skale umfaßt: vom begeisterten, brennenden Tun Deines Willens bis zum unter Tränen errungenen „Ja, Vater"? ...

– Ich bin am Ziel dieses Weges, wo Du mich in Deine Gemeinschaft einläßt, die unverlierbar sein wird ...
Ist mein Leben und Handeln getragen von der Hoffnung auf
dieses Ziel meines Daseins? ...

Christusmeditation

Herr, in Dir schaue ich eine untrennbare Einheit zwischen
dem, was Du als des Vaters Willen erkennst und Deinem Handeln ... Diese Einheit ermöglicht uns, aus Deinem Tun das
verborgene Geheimnis des göttlichen Willens zu vernehmen ...

Bußmeditation

– Verkünde ich die Vollmacht Gottes, ohne mich selbst ihr
auszusetzen? ...
– Gebe ich die Botschaft weiter, ohne mich selbst danach zu
richten? ...
– Spreche ich Worte mit meinem Mund, ohne zu versuchen,
mein ganzes Leben in diese Worte einzuholen? ...

Tiefenmeditation

Liebe ist das Feuer, welches mehr und mehr alle Dimensionen
meines Seins durchglüht und zu Brennmaterial für Deine
Flamme macht: Herr, Herr ...

Grund unter den Füßen

24 Darum wird jeder, der diese meine Worte hört und sie tut, einem klugen Mann gleichen, der sein Haus auf den Felsen baute. 25 Und der Regen fiel und die Fluten kamen und die Stürme wehten und schlugen gegen jenes Haus, und es stürzte nicht, denn es war auf den Felsen gegründet. 26 Und jeder, der diese meine Worte hört und sie nicht tut, wird einem törichten Mann gleichen, der sein Haus auf den Sand baute. 27 Und der Regen fiel, und die Fluten kamen und die Stürme wehten und stießen gegen jenes Haus, und es stürzte. Und sein Sturz war groß.
28 Und es geschah, als Jesus diese Worte vollendet hatte, gerieten die Volksscharen außer sich über seine Lehre. 29 Denn er lehrte sie wie einer, der Vollmacht hat und nicht wie ihre Schriftgelehrten.

Grundmeditation

Ich fühle die Schwere meines Körpers ... fühle, wie mich die Erde anzieht ... wie sie mich trägt ... Ich fühle den festen Grund unter mir ... Ich bin verwurzelt ... ich bin verankert ... (man wähle das Bild, das einem mehr liegt) ...

Textmeditation

– Ich meditiere die Metaphern, die der Text mir vor Augen stellt:
  Wer die Worte Jesu hört und tut, ist wie ein Haus, auf Felsen gebaut ...
  Wer die Worte hört und nicht tut, ist wie ein Haus, auf Sand gebaut ...
– Erst im *Tun* wird das Gehörte wirklich mein Eigentum, ein Stück von mir selbst ...
  Ich meditiere das Sprichwort: „Übung macht den Meister" oder die Erkenntnis mittelalterlichen Denkens: „Aus dem

wiederholten Tun wächst der Habitus" (d. h. ein bestimmtes Sein) ...

– Erst das *Tun* des Gebotenen macht dieses auch für meine Mitmenschen sichtbar und stellt mich in das Licht ihres Urteils ...

Ich meditiere, wie der erste Schritt oft der schwerste ist, weil das Getane mich dann oft selbst weiterträgt ...

– Erst im *Tun* dessen, was Gott von mir will, lasse ich alle Sicherungen zurück und vertraue mich ihm an ...

Ich meditiere diese Erfahrung ...

Tiefenmeditation

Herr, ich bin vor Dir wie ein Baum .- mit jeder Tat des Gehorsams wächst eine meiner Wurzeln ein Stück tiefer in die Erde hinein ...

Ich lasse sie das ganze Erdreich durchwachsen ...

Die Frucht wächst still, von allein ...

Christusmeditation

Herr, ich öffne mich Deinen Worten – Es sind Worte des lebendigen Gottes ... Ich verweile, ob auch ich etwas vom heiligen Erschrecken spüre ...

81

Ausweglos?

1 Als Jesus aber vom Berg herabstieg, folgten ihm viele Volksscharen nach. 2 Und siehe, ein Aussätziger trat heran, fiel vor ihm nieder und sprach: Herr, wenn du willst, kannst du mich rein machen. 3 Und er streckte die Hand aus, berührte ihn und sprach: Ich will, sei rein. Und sogleich war sein Aussatz rein. 4 Und Jesus sagte ihm: Sieh' zu, daß du es keinem sagst, sondern geh', zeige dich dem Priester und opfere die Gabe, die Mose vorgeschrieben hat, ihnen zum Zeugnis!

Grundmeditation

„berühren" ... *(Symbolmeditation)*

Textmeditation

– Aussatz bedeutet:
  Ich trage in mir den Todeskeim einer unheilbaren Krankheit ...
  Diese Krankheit steckt an und trennt mich deshalb von allen Menschen ...
  Für diese Krankheit gibt es keine menschliche Hilfe ...

– Glauben bedeutet:
  Ich mache mich auf den Weg zu dem, von dem ich Hilfe erwarte ...
  Ich weiß und vertraue, daß er helfen kann ...
  Ich bin gewiß, daß er helfen will ...

– Berührtwerden von Dir bedeutet:
  Du willst ...
  Du wagst ...
  Du heilst ...

– Gereinigtsein bedeutet:
  Ich soll die Hülle des Schweigens wahren ...
  Ich soll das Dankopfer bringen ...
  Ich werde gebraucht zum Zeugnis ...

Tiefenmeditation

Ein schmales Tor nach dem anderen muß ich durchschreiten, um dorthin zu kommen, wo Du mit Deiner Berührung auf mich wartest:
Erstes Tor: Ich muß annehmen, daß ich „aussätzig", d. h. unrein bin vor Dir ...
Zweites Tor: Ich muß glauben, daß allein Du helfen kannst ...
Drittes Tor: Ich darf Dir keine Bedingungen stellen, sondern muß einfach warten auf das, was Du tun willst ...

Fürbittmeditation

Ich bitte im Licht dieser Botschaft für einen Menschen, der sich in (innerer oder äußerer) „auswegloser" Lage befindet, ohne daß ihm ein Mensch helfen kann ...
Ich bete für alle Menschen in auswegloser Situation ...

Sprich nur ein Wort

5 Als er Kafarnaum betrat, kam ein Hauptmann zu ihm, der ihn bat, 6 und sprach: Herr, mein Knecht liegt im Haus gelähmt und hat große Qual. 7 Und er sagt: Soll ich etwa kommen und ihn heilen? 8 Und der Hauptmann antwortete und sprach: Herr, ich bin nicht würdig, daß du unter mein Dach eintrittst, aber sprich nur ein Wort, so wird mein Knecht gesund. 9 Denn auch ich bin ein Mensch unter einer Obrigkeit. Ich habe Soldaten unter mir. Und sage ich diesem: Geh! so geht er, und einem anderen: Komm! so kommt er, und meinem Sklaven: Tu das! so tut er es. 10 Als Jesus das hörte, wunderte er sich und sprach zu denen, die ihm nachfolgten: Amen, ich sage euch: Bei keinem habe ich solchen Glauben in Israel gefunden. 11 Ich sage euch aber: Viele werden kommen vom Aufgang und Niedergang und mit Abraham und Isaak und Jakob in der Himmelsherrschaft zu Tisch liegen. 12 Die Söhne des Reiches aber werden in die äußerste Finsternis hinausgestoßen werden. Dort wird Heulen und Zähneknirschen sein. 13 Und Jesus sprach zum Hauptmann: Geh, es geschehe dir, wie du geglaubt hast. Und sein Knecht wurde in jener Stunde gesund.

Grundmeditation

Ich identifiziere mich mit dem Hauptmann, erlebe mit, was er erlebt hat und warte, was in mir mitzuklingen beginnt ...

Textmeditation

– Ich schaue die Liebe des Hauptmanns:
  Ich fühle mich hinein in seine Gefühle für seinen Knecht – was mag alles vorausgegangen sein, bis er diesen Weg fand? ...
  Ich schaue auf meine Liebe ...:
  Lasse ich Not und Schmerzen anderer in mich ein? ...
  Bringt mich das Mitleiden in Bewegung? ...

Wie groß ist meine Kraft, auf diesem Weg Widerstände zu überwinden? ...

– Ich schaue den Glauben des Hauptmanns:
Ich fühle mich in ihn hinein – was mag alles vorausgegangen sein, bis er sagen konnte: „Sprich nur ein Wort!"? ...
Ich schaue auf meinen Glauben:
Erscheint mir die Not übermächtig? ...
Erkenne ich Dich als Herrscher über *alle* menschliche Not? ...
Wie groß ist mein Vertrauen, wenn ich Dir Not anderer Menschen hinlege? ...

– Ich schaue die Demut des Hauptmanns:
Ich fühle mich in ihn hinein – Was mag alles vorausgegangen sein, bis er die Lösung fand: Ich bin es nicht wert, aber dennoch darf ich bitten ...
Ich schaue auf mich:
Was führe ich eigentlich an, wenn ich eine dringende Bitte an Dich habe? ...

Christusmeditation:

Ich schaue Dich, Herr, wie Dich der Hauptmann gesehen hat ...
Ich schaue Dich an, Herr, so lange, so geöffnet, bis ich ganz klein werde vor Dir – wer bin ich vor Dir? ...

Tiefenmeditation

Ich spüre die Last der in mich eingelassenen Not anderer Menschen als die „Schwere", die ich allein nicht habe, die mich durch die Todeslinie hindurch in die Tiefe sinken läßt, dahin, wo Du auf mich wartest, um alle Not, die ich Dir bringe, zu besiegen ...
Ich warte, daß in der Dunkelheit des Nichtwissens der Glaube in mir wächst, der an Deinen Sieg wider alles Erkennen glaubt ...

Komm in mein Haus

14 Und Jesus kam in das Haus des Petrus. Er sah dessen Schwiegermutter mit Fieber daniederliegen. 15 Und er berührte ihre Hand.
Und das Fieber verließ sie. Und sie stand auf und diente ihm. 16
Als es Abend wurde, brachten sie viele Dämonische zu ihm. Und
er trieb die Geister aus durch das Wort. Und alle Kranken heilte
er, 17 daß erfüllt werde, was vom Herrn durch den Propheten gesagt war, der spricht: Er hat unsere Schwachheiten genommen und
die Krankheiten getragen.

Textmeditation

- Wenn Du einen Menschen berufen hast, „gehst Du in sein Haus", trittst Du ein in seinen Lebensraum ...
  (dieses Erleben steht neben dem anderen, daß Deine Berufung den Menschen aus seinem bisherigen Lebensraum herausruft ...)
- In diesem Lebensraum findest Du verborgenes Leid und heilst es ...
- Wer Heilung erfahren hat, stellt seine neugeschenkten Kräfte Dir zur Verfügung ...
  (so sollte es sein! ...)
- Der Ort Deiner Anwesenheit wird zu einer Zelle des Heiles für das umliegende Gebiet ...
- Du heilst, indem Du Dunkelheiten und Schmerzen auf Dich nimmst und trägst ...
  (anstatt sie wegzuwerfen oder zu vertreiben, wo sie wartend stehenbleiben, um bald unbemerkt wiederzukommen! ...)

Christusmeditation

Christus, Lamm Gottes, das Leid und Schuld der Welt trägt, laß mich Dich liebend anschauen, bis Dein Bild in mir Gestalt gewinnt:
- Ich öffne mich Dir – öffne Dir meinen Lebensraum ...
- Ich verberge Dir keine Not – in mir – bei den Menschen um mich her ...
- Was Du geheilt hast, stelle ich Dir zur Verfügung, daß es Dir diene ...
- Hilf, daß alle Menschen, die ihre Not zu mir bringen, Dir bei mir begegnen ...
- Mach mich Dir ähnlich, der Du menschliche Not mit Deinem Leben aufgenommen und getragen hast ...

Ich will Dir nachfolgen

18 Als aber Jesus um sich die Volksschar sah, befahl er, ans andere Ufer zu fahren. 19 Und ein Schriftgelehrter trat heran und sprach zu ihm: Lehrer, ich will dir folgen, wohin du auch gehst. 20 Und Jesus sagt ihm: Die Füchse haben Höhlen und die Vögel des Himmels Nester. Der Menschensohn aber hat keinen Platz, daß er das Haupt hinlege. 21 Ein anderer aber, von den Jüngern, sprach zu ihm: Herr, erlaube mir, daß ich zuvor hingehe und meinen Vater begrabe. 22 Jesus aber sagt ihm: Folge mir nach, und laß die Toten ihre Toten begraben.

Grundmeditation

„nachfolgen" *(Symbolmeditation)*

Textmeditation

– Wer Dir nachfolgen will, darf nur Dich allein suchen! ...
  Was suche ich eigentlich bei Dir? ...
  Ich schaue die Erwartungen an, die ich habe, wenn ich als Christ lebe ...
  Wie reagiere ich, wenn sich diese Erwartungen nicht erfüllen? ...
  Ich lasse die Gefühle erlebter Enttäuschungen wieder hervorkommen –...
  Ich erlebe Deine eindringliche Frage: Suchst du eigentlich mich – oder suchst du bei mir doch nur dein eigenes Glück? ...
– Wer Dir nachfolgen will, muß sich in seinem Dienst an den Menschen auf das beschränken, was Du ihm aufträgst! ...
  Was erwartest Du eigentlich von mir? ...
  daß ich Dir *jetzt* nachfolge, nicht später ...
  daß ich tue, was *Du* von mir willst,

nicht, was ich selbst möchte ...
nicht, was Menschen von mir erwarten ...
nicht, was jedermann tut ...
daß ich tue, was im Dienst des *Lebens,* nicht im Dienst des Todes steht ...
Ich schaue die Aufgaben an, die vor mir liegen ...
ich versuche zu sehen, was vor Deinen Augen wichtig und was weniger wichtig ist ...

Tiefenmeditation

Du allein genügst ...
Allein Dein Urteil über mich ist wichtig ...

Fürbittmeditation

Ich bitte für (N.) und alle Menschen, die Du in Deine Nachfolge gerufen hast:
– Reinige ihre Liebe, daß sie wirklich Dich suchen ...
– Hilf ihnen, die Schmerzen anzunehmen, die diese Reinigung mit sich bringt ...
– Laß sie erfahren, daß sie in Dir alles wiederfinden, worauf sie um Deinetwillen verzichten ...
– Gib ihnen den rechten Wertmaßstab für ihr Handeln ...
– Mach sie innerlich frei gegenüber falschen menschlichen Forderungen ...
– Schenk ihnen die innere Wachheit für Deinen konkreten Willen ...
– Laß die Liebe in ihnen wachsen, die auch Schweres leicht macht ...

Stürme des Lebens

23 Und als er auf das Boot stieg, folgten ihm seine Jünger nach. 24 Und siehe, ein großes Beben entstand auf dem Meer, daß das Boot von den Wellen bedeckt wurde. Er aber schlief. 25 Und sie traten heran, weckten ihn und sprachen: Herr, rette, wir gehen zugrunde! 26 Und er sagt ihnen: Was seid ihr feige, ihr Kleingläubigen? Dann erhob er sich, schalt die Stürme und das Meer. Und es entstand eine große Stille. Die Menschen aber wunderten sich und sprachen: Was ist dieser für einer, daß die Stürme und das Meer ihm gehorchen?

Symbolmeditation – Nachfolgemeditation – Tiefenmeditation

„Das Boot"
- Einem Boot muß ich mich anvertrauen ...
- ein Boot trägt mich über die Tiefen ...
- ein Boot bringt mich an neue Ufer ...
- ein Boot kann einen Versinkenden retten ...
- Nachfolge heißt: Ich folge Dir in das Boot ...
  (ich meditiere die einzelnen Möglichkeiten)
- Ich lasse das Ufer zurück, vertraue mich diesem Boot an ...
„Stürme"
- Sturm kann allmählich oder plötzlich aufziehen ...
- Einem Boot auf offenem Meer ist Sturm gefährlicher als einem Haus auf festem Land ...
- Sturm wird einem Boot dadurch gefährlich, daß er das, was das Boot sonst trägt, zur lebensbedrohenden Gefahr aufwühlt ...
- Nachfolge heißt: ich werde Stürme erleben ...
  (ich meditiere die Vergleichspunkte ...)

– Ich lasse alle falschen Sicherheiten zurück: Wo ich mich getragen fühle, kann sich plötzlich alles aufbäumen, als gebe
es keine Rettung mehr für mich ...

„schlafen"

– Zum Schlafen braucht der Mensch gewisse äußere Voraussetzungen ... (z. B. Ruhe, ein Bett, Geborgenheit, Wärme ...)
Trotz dieser Voraussetzungen kann mancher nicht schlafen,
dem die innere Geborgenheit fehlt ...
Auch ohne diese Voraussetzungen kann schlafen, wer sich
innerlich geborgen weiß ...

– Nachfolge heißt: Ich darf mich so geborgen wissen in Deiner
Nähe, daß alle äußeren Stürme nicht in den Raum des innersten Friedens einbrechen können ...

– Ich schaue Dich an, Herr, wie Du mitten im Sturm schläfst –
bis Dein ruhendes Vertrauen tief in mich einsinkt, sich mir
„einprägt" ... *(Tiefenmeditation)*

„Rette, wir gehen zugrunde!"

– Todesangst – eine menschliche Urwirklichkeit, die angesichts der Gefahr ans Licht kommt ...

– Nachfolge heißt: Ich darf meine Angst auf Dich werfen,
auch, wenn ich Dich „wecken" muß, auch, wenn Du meinen Kleinglauben tadelst ...

– Ich lasse meine Ängste hervorkommen ...

– ich rufe, bis Du hörst ...

– ich werfe sie auf Dich – im Wissen um meinen Kleinglauben ...

– Du nimmst sie – und überwindest sie für mich ...

„Stille nach dem Sturm"

– Die Stille nach dem Sturm ist anders als die Stille vor dem
Sturm ...
(ich meditiere diese Wirklichkeit ...)

– Nachfolge heißt: Ich binde mich an Dich, Herr, der die geheimnisvolle Vollmacht hat, *jeden* Sturm zu stillen ...

– Die Stille die Du schaffst, ist Symbol Deiner ewigen Ruhe,
welche alle Stürme in sich zur Stille gebracht hat ... ich
öffne mich dafür ... *(Tiefenmeditation)*

Dunkle Mächte

28 Und als er an das andere Ufer in das Land der Gadarener kam, liefen ihm zwei Besessene entgegen, die aus den Gräbern gestiegen waren, sehr gefährliche, so daß niemand auf jenem Weg entlanggehen konnte. 29 Und siehe, sie schrien also: Was haben wir mit dir zu schaffen, Sohn Gottes? Bist du gekommen, uns vor der Zeit zu quälen? 30 Weit weg von ihnen aber weidete eine Herde von vielen Schweinen. 31 Die Dämonen aber baten ihn und sprachen: Wenn du uns austreibst, schicke uns in die Herde der Schweine. 32 Und er sprach zu ihnen: Fahrt hin! Da fuhren sie aus und fuhren hinein in die Schweine. Und siehe, die ganze Herde stürmte den Abhang hinunter in das Meer. Und sie ersoffen in den Fluten. 33 Die Hirten aber flohen und gingen weg in die Stadt und meldeten alles und wie es den Besessenen ergangen war. 34 Und siehe, die ganze Stadt zog heraus Jesus entgegen. Und wie sie ihn sahen, baten sie ihn, daß er ihr Gebiet verlassen solle.

Textmeditation

Herr, wenn ich das Land meines Lebens Dir öffne, wirst Du es durchwandern und in Besitz nehmen ...

- Auch in mir gibt es abgelegene, verborgene Orte, wo dunkle, unsichtbare Mächte einen Teil meines Wesens in Besitz genommen haben, um so in mir verleiblicht zur Wirkung zu kommen ...
- Diese dunklen Mächte halten sich bewußt in der Verborgenheit auf („aus den Gräbern – abseits vom Leben) und tragen in sich die Tendenz zur Zerstörung („daß niemand auf jenem Weg entlanggehen konnte") ...
- Wo Du, Herr, diese Gegenden betrittst, fühlen sie sich angegriffen, herausgefordert, gefährdet, gequält ... Sie verbinden sich so eng mit unserem Leben, daß dieses selbst als gefährdet erscheint, wo sie vernichtet werden ...
- Die Tendenz zur Verleiblichung wird ihnen zum Verderben, ihre Anwesenheit kann „abgeleitet" werden auf etwas anderes, das zur Vernichtung freigegeben wird (Schweine = unreine Tiere!) – und sie hineinzieht in diese Vernichtung ...
- Wer nicht bereit ist, das ganze Gebiet seines Lebensraumes Dir zu öffnen –
  wer Angst hat, sein Leben (auch teilweise) zu verlieren –
  wer zurückschreckt vor (äußeren) Verlusten – der wird Dich bitten, sein Gebiet zu verlassen ...

Christusmeditation

Du hast die dunklen Gewalten der Menschheit auf Dein eigenes Leben abgeleitet – und sie vernichtet durch die Preisgabe Deines Lebens ...

Geheimnis der Sündenvergebung

1 Und er stieg in das Boot, fuhr hinüber und kam in seine Stadt. 2 Und siehe, sie brachten einen Gelähmten zu ihm, der auf einem Bett lag. Und als Jesus ihren Glauben sah, sprach er zum Gelähmten: Sei getrost, Kind, deine Sünden sind vergeben. 3 Und siehe, einige Schriftgelehrte sprachen bei sich: Dieser lästert. 4 Und als Jesus ihre Gedanken sah, sprach er: Warum denkt ihr Böses in euren Herzen? 5 Was ist leichter, zu sagen, deine Sünden sind vergeben, oder zu sagen, steh' auf und geh' umher? 6 Damit ihr aber seht, daß der Menschensohn Vollmacht hat, auf Erden Sünden zu vergeben – da spricht er zum Gelähmten: Steh' auf, nimm dein Bett und geh' in dein Haus! 7 Und er stand auf und ging weg in sein Haus. 8 Als die Volksscharen das sahen, fürchteten sie sich und priesen Gott, der solche Vollmacht den Menschen gegeben hat.

Textmeditation

- Hilfsbedürftigkeit eines Menschen kann einem Magneten gleichen, der Hilfsbereitschaft, Liebe und Fürsorge anderer Menschen ans Licht zieht ...
- Glaube an Deine Hilfe, Herr, zieht diese Hilfe magnetisch herbei ...
- Nicht Krankheit, nicht Not trennt den Menschen vom Heil, sondern allein die Sünde ...
- Du, Herr, zerbrichst in Vollmacht die Schranken, welche der Mensch zwischen sich und Gott unübersteigbar aufgerichtet hat ...
- Äußere Hilfen, Heilungen, spürbare Erfahrungen sind Zeichen Deiner unsichtbaren, verborgenen Vollmacht ...

Identifikation mit den Trägern

Bringe ich den leidenden Mitmenschen zu Dir? ...

94

Lege ich ihn Dir einfach vor die Füße? ...
Habe ich Glauben, daß Du helfen willst? ...

Identifikation mit dem Kranken

– Weiß ich, daß ich anderen Gutes tun kann – gerade dort, wo
  ich Hilfe brauche? ...
– Nehme ich Hilfe dankbar an? ...
  Lasse ich mich von anderen zu Dir bringen? ...
– Fühle ich Deinen Blick auf mir und spüre, was mich von Dir
  trennt? ...
– Habe ich wenigstens einmal in meinem Leben schon die „Se-
  ligkeit" bewußt erlebt, daß mir vergeben wurde? ...

Identifikation mit den Schriftgelehrten

– Spüre ich noch etwas davon, wie unübersteigbar sich die
  Mauer der Sünde zwischen dem Menschen und Gott er-
  hebt? ...
– Spüre ich noch etwas davon, daß sie vom Menschen her
  nicht zu durchbrechen ist? ...
– Erbebe ich noch bis ins innerste Herz vor den Worten aus
  Menschenmund: „Deine Sünden sind dir vergeben!"? ...

Nachfolgemeditation

Ich schaue Dich, wie Du Deine Vollmacht ausübst ...

Tiefenmeditation

Der Weg zu Dir, lebendiger Gott, ist offen ...
ich versinke in diesem Geheimnis

Neues Leben

9 Und als Jesus von dort weiterging, sah er einen Menschen an der Zollstätte sitzen, Matthäus mit Namen. Und er sagt zu ihm: Folge mir nach! Und er stand auf und folgte ihm nach. 10 Und es geschah, als er im Haus zu Tisch lag, – und siehe –, da kamen viele Zöllner und Sünder und lagen mit Jesus und seinen Jüngern zu Tisch. 11 Und als es die Pharisäer sahen, sprachen sie zu seinen Jüngern: Warum ißt euer Lehrer mit Zöllnern und Sündern? 12 Er aber hörte es und sprach: Die Gesunden bedürfen des Arztes nicht, sondern die Kranken. 13 Gehet und lernet, was es sei: Erbarmen will ich und nicht Opfer. Denn ich bin nicht gekommen, Gerechte zu berufen, sondern Sünder.

14 Dann kommen die Jünger des Johannes zu ihm und sagen: Warum fasten wir und die Pharisäer (viel), deine Jünger aber fasten nicht? 15 Und Jesus sprach zu ihnen: Können die Söhne des Brautgemachs trauern, solange der Bräutigam mit ihnen ist? Es werden aber Tage kommen, da der Bräutigam von ihnen weggenommen wird. Und dann werden sie fasten. 16 Keiner aber setzt einen Lappen von einem ungewalkten Tuch auf ein altes Kleid. Denn sein Füllstück reißt vom Kleid ab, und der Riß wird schlimmer sein. 17 Und man gießt nicht neuen Wein in alte Schläuche. Sonst zerreißen die Schläuche, und der Wein läuft aus und die Schläuche gehen zugrunde. Sondern man gießt neuen Wein in neue Schläuche, und beide bleiben erhalten.

Grundmeditation

„Gärender Wein im alten Schlauch" *(Symbolmeditation)*
(neuer Inhalt braucht neue Formen – ich meditiere diese Wahrheit im menschlichen und im geistlichen Leben ...)
– Nur ein *neues* Leben kann die Sprengkraft Deiner Gegenwart in sich tragen, ohne davon zerrissen zu werden ...

Christusmeditation

– Du, Herr, hast Dich nicht gebunden an feststehende Formen. Die Gegenwart Gottes in Dir hat Dein ganzes Leben zur neuen Form werden lassen ...
  Laß mein ganzes Leben von innen her neu werden ... daß es Dich fassen kann ...
– Du, Herr, hast den Sünder in Deine Nachfolge gerufen ...
  Laß mich begreifen: Wenn es überhaupt einen Grund gibt, weshalb Du mich in Deine Nachfolge gerufen hast, dann nicht meine Fähigkeiten, sondern allein meine „Krankheit" ...
– Du, Herr, bist durch den einen Zöllner vielen Sündern begegnet und hast sie in Deine Mahlgemeinschaft gerufen ...
  Tilge in mir jedes Gefühl des Besserseins als andere ... laß mich in jeder fremden Schuld meine eigene wiedererkennen ... laß mich mein Haus offenhalten für alle, die uns und Dir Not machen, weil sie selbst in Not sind ...
– Du, Herr, hast deine Gemeinschaft mit den Zöllnern als den ewigen Willen Deines Vaters erkannt: Der neue Weg zu Gott geschieht in der Hingabe an die Menschen ...
  Hilf mir, zu geben, wo ich nichts zurückbekomme, um ganz von Dir erfüllt zu werden ...
– Du, Herr, hast in Deinem Leben Zeiten hochzeitlicher Freude und Zeiten abgrundtiefer Not erfahren. Dein menschliches Schicksal war „Aus-Druck" dieses inneren Geschehens ...
  Laß die äußere Gestalt meines Lebens ganz vom Einssein mit Dir geformt werden ...

Für Dich gibt es kein „zu spät"

18 Als er dies zu ihnen redete, siehe, da kam ein Vorsteher, fiel vor ihm nieder und sprach: Meine Tochter ist eben gestorben; aber komm, lege deine Hand auf sie und sie wird leben. 19 Und Jesus stand auf und folgte ihm mit seinen Jüngern. 20 Und siehe, eine Frau, die zwölf Jahre an Blutfluß litt, trat von rückwärts heran und berührte die Quaste seines Gewandes. 21 Denn sie sprach bei sich: Wenn ich nur sein Gewand berühre, werde ich gerettet werden. 22 Jesus aber wandte sich um, sah sie und sagte: Sei getrost, Tochter. Dein Glaube hat dich gerettet. Und sie war von jener Stunde gerettet. 23 Und Jesus kam zum Haus des Vorstehers und sah die Flötenspieler und die lärmende Menge. 24 Er sagte: Weichet, denn das Mädchen ist nicht gestorben, sondern es schläft. Und sie verlachten ihn. 25 Als er die Menge vertrieben hatte, trat er ein, nahm sie bei der Hand und richtete das Mädchen auf. 26 Und diese Kunde verbreitete sich in jener ganzen Gegend.

Grundmeditation

„Grenzen" *(Symbolmeditation)*

Textmeditation

– Glaube macht Ernst damit: Für Dich gibt es kein „zu spät!" ...
  Du durchbrichst die Grenze des scheinbar Unwiderruflichen, Vergangenen ...
– Glaube wagt das Vertrauen: Du bist Herr über den Tod! ...
  Du durchbrichst die Grenze, die menschliches Leben scheinbar unwiderbringlich abschließt ...

– Glaube bittet Dich, persönlich an den Ort der Not zu kommen ...
   Du durchbrichst die Grenze der Rangfolge – nicht Du rufst dem Bittenden zu: Folge mir nach! – sondern Du folgst dem nach, der Dich bittet ...
– Glaube läßt sich nicht durch unvorhergesehene Zwischenfälle vom eingeschlagenen Weg abbringen ...
   Du durchbrichst die Grenzen, die wir immer wieder zwischen uns und dem Nächsten aufrichten durch unser: „Ich habe jetzt keine Zeit! ...
– Glaube erkennt das Geheimnis leiblicher Berührung ...
   Du durchbrichst in Deiner Menschwerdung die Grenze zwischen „Himmel" und „Erde" und ermöglichst uns, in Dir den „unbegreiflichen" Gott zu berühren ...
– Glaube empfängt, was er erwartet ... „Dein Glaube hat dir geholfen!" ...
   Du durchbrichst Grenzen, die ärztlicher Kunst und menschlicher Wissenschaft gesetzt sind ...
– Glaube nimmt es auf sich, sich auslachen zu lassen ...
   Du durchbrichst Grenzen, in die wir uns gefangen geben, wo wir vor irgend etwas zurückschrecken, weil wir es für unzumutbar halten ...

Möglichkeit der Tiefenmeditation

Wenn es für Dich kein „zu spät!" gibt – dann habe ich noch *nichts* verpaßt – welche Gelassenheit könnte mir das geben – ich lasse mich hineinsinken ...

Arbeiter in Gottes Ernte

27 Und als Jesus von da weiterging, folgten ihm zwei Blinde nach, die schrieen und sprachen: Erbarme dich unser, Sohn Davids! 28 Und als er in das Haus ging, traten die Blinden an ihn heran. Und Jesus sagte ihnen: Glaubt ihr, daß ich dies tun kann? Sie sagen ihm: Ja, Herr. 29 Dann berührte er ihre Augen und sagte: Nach eurem Glauben soll euch geschehen. 30 Und ihre Augen wurden geöffnet. Und Jesus fuhr sie an und sagte: Seht zu, daß es keiner erfährt! 31 Sie aber gingen hinaus und machten ihn in jener ganzen Gegend bekannt.

32 Als sie hinausgegangen waren, siehe, da brachten sie einen Menschen zu ihm, der stumm und besessen war. 55 Und als der Dämon ausgetrieben war, redete der Stumme. Und die Volksscharen verwunderten sich und sagten: Noch nie ist solches in Israel erschienen. 34 Die Pharisäer aber sagten: Durch den Fürsten der Dämonen treibt er die Dämonen aus.

35 Und Jesus wanderte umher in alle Städte und Dörfer, lehrend in ihren Synagogen und kündend das Evangelium vom Reich und heilend jede Krankheit und jede Entkräftung. 36 Als er aber die Volksscharen sah, erbarmte er sich über sie, denn sie waren ermattet und hingestreckt wie Schafe, die keinen Hirten haben. 37 Dann sagt er zu seinen Jüngern: Die Ernte ist groß, Arbeiter aber sind wenige. 38 Bittet darum den Herrn der Ernte, daß er Arbeiter in seine Ernte aussende.

Grundmeditation

„Körperliche Behinderung"
(Jede Art körperlicher Behinderung ist Symbol für eine mögliche Behinderung unseres inneren Seins. Unser Verhältnis zu Gott, zum Mitmenschen und zur vollen Entfaltung unseres eigenen Wesens ist oft gestört oder behindert durch „Blindheit", „Sprachlosigkeit" usw. ...)

Textmeditation

„blind sein"
- Ich fühle mich hinein in einen blinden Menschen ...
- Wenn ich auf Dich schaue, Herr, und mich mit Dir vergleiche, ahne ich meine innere Blindheit ... für das Wirken des Vaters ... für den Menschen neben mir ... für das, was für mich gut ist ...
- Wer seine Not erlebt, bittet um Hilfe ...
  Habe ich schon darum gebetet, sehend zu werden – so intensiv wie diese Blinden? ...
- Ich höre Deine Frage an mich: „Glaubst du, daß ich dies tun kann?" ...

„stumm sein"
- Ich fühle mich hinein in einen stummen Menschen ...
- Wenn ich auf Dich schaue, Herr, und mich mit Dir vergleiche, erkenne ich meine Unfähigkeit, das Wesentliche zu sagen ...
- Wer seine Not erlebt, bittet um Hilfe ...
  Habe ich schon intensiv gebetet um die Gabe des Wortes für einen Menschen, der „stumm" ist – für mich selbst? ...
- Ich schaue auf Dich, Herr, der Du *das* Wort des Vaters bist, und lasse von da her den Zusammenhang zwischen Stummsein und Dämonie beleuchten ...

Gebetsmeditation

„Bittet den Herrn der Ernte, daß er Arbeiter in seine Ernte aussende" ...
- Herr der Ernte, ich bitte Dich um Arbeiter, die geöffnete Augen haben, daß sie ...
- Herr der Ernte, ich bitte Dich um Arbeiter, die geöffnete Lippen haben, daß sie ...
- Herr der Ernte, ich bitte Dich um Arbeiter, die gute Hirten sind, welche ...

Sendung

1 Und er rief seine zwölf Jünger zu sich und gab ihnen Vollmacht über die unreinen Geister, daß sie sie austreiben, und jede Krankheit und jede Entkräftung zu heilen. 2 Die Namen der zwölf Apostel aber sind diese: Als erster Simon, der Petrus heißt, und Andreas sein Bruder, und Jakobus, der des Zebedäus, und Johannes sein Bruder, 3 Philippus und Bartholomäus, Thomas und Matthäus, der Zöllner, Jakobus, der des Alphäus, und Thaddäus, 4 Simon, der Kananäer, und Judas, der Iskariot, der ihn auch ausgeliefert hat.

5 Diese Zwölf sandte Jesus aus, gebot ihnen und sprach: Geht nicht den Weg zu den Heiden und betretet keine Stadt der Samariter. 6 Geht vielmehr zu den verlorenen Schafen des Hauses Israel. 7 Geht, verkündet und sprecht: Die Herrschaft der Himmel ist nahe. 8 Heilet Kranke, erweckt Tote, reinigt Aussätzige, treibt Dämonen aus. Umsonst habt ihr empfangen, umsonst gebet. 9 Verschafft euch kein Gold, kein Silber, kein Kupfer in euren Gürtel, 10 keinen Sack auf den Weg, nicht zwei Gewänder, keine Sandalen, keinen Stab. Denn der Arbeiter ist seine Verköstigung wert. 11 Wenn ihr in eine Stadt oder ein Dorf eintretet, erforscht, ob darin einer sei, der es wert ist. Dort bleibt, bis ihr fortzieht. 12 Wenn ihr in ein Haus kommt, grüßt es. 13 Und wenn das Haus würdig ist, komme auf es euer Friede. Wenn es aber nicht würdig ist, kehre euer Friede zu euch zurück. 14 Und nimmt man euch nicht auf und hört eure Worte nicht, geht fort aus jenem Haus und jener Stadt und schüttelt den Staub von euren Füßen. 15 Amen, ich sage euch: Dem Land der Sodomer und Gomorrer wird es am Tag des Gerichts erträglicher ergehen als jener Stadt.

Grundmeditation

„Sendung"

Textmeditation

- Du sendest niemanden, ohne ihn mit Deiner Vollmacht auszustatten ...
- Wen Du sendest, dessen Name ist dir genau bekannt ...
- Wen Du sendest, dem bestimmst *Du* den Ort seines Wirkens ...
- Wer gesendet wird, ist nichts als Kanal – empfangend und weitergebend ...
- Völlige Loslösung ist Voraussetzung einer fruchtbaren Sendung ...
- Du versprichst Deinen Gesandten keinen ständigen Erfolg – aber Du versprichst, daß auch Niederlagen kein Verlust für sie sein werden ...
- Dein Urteil ist hart über den, der den nicht aufnimmt, den Du sendest ...

Nachfolgemeditation

- In Deiner Sendung bin ich Träger Deiner Vollmacht ...
- Du hast mich beim Namen gerufen, und ich bin nach Deinem Namen genannt – muß ich nicht ja sagen zu mir, wo Du ja sagst? ...
- Herr, Du hättest mich nicht in diesen meinen Lebensraum gestellt, wenn Du mich hier nicht brauchtest ...
- Laß mich immer tiefer begreifen, daß ich allein aus Gnade empfangen und geben darf ...
- Zeige mir, wo und wie ich in meinem Leben Symbole (als Weg zur Freiheit) setzen kann ...
- Du kennst meine Angst vor jedem Mißerfolg ... Mach mich frei von diesen Bindungen und den Ängsten, die darin verborgen sind ...
- Mach mich hellwach, Deine Boten auch dort zu erkennen und aufzunehmen, wo sie mir in ungewohnter Gestalt begegnen ...

103

Will ich es besser haben als Du?

16 Siehe, ich sende euch wie Schafe mitten unter die Wölfe. Darum seid klug wie die Schlangen und lauter wie die Tauben. 17 Hütet euch aber vor den Menschen, denn sie werden euch ausliefern an die Gerichtshäuser und werden euch auspeitschen in ihren Synagogen. 18 Und ihr werdet vor Statthalter und Könige gebracht werden um meinetwillen zum Zeugnis für sie und die Heiden. 19 Wenn sie euch aber ausliefern, sorget nicht, wie oder was ihr reden werdet. Denn es wird euch in jener Stunde gegeben werden, was ihr reden sollt. 20 Denn nicht ihr seid es, die reden, sondern der Geist eures Vaters, der durch euch redet. 21 Es wird aber ein Bruder den Bruder in den Tod ausliefern und der Vater das Kind. Und Kinder werden sich gegen die Eltern empören und sie töten. 22 Und ihr werdet von allen gehaßt werden wegen meines Namens. Wer aber ausharrt bis ans Ende, der wird gerettet werden. 23 Wenn sie euch aber in dieser Stadt verfolgen, flieht in die andere. Denn Amen, ich sage euch: Ihr werdet mit den Städten Israels nicht zu Ende kommen, bis der Menschensohn kommt. 24 Nicht ist der Jünger über dem Lehrer, nicht der Sklave über seinem Herrn. 25 Es genügt dem Jünger, daß er wird wie sein Lehrer und der Sklave wie sein Herr. Wenn sie den Hausherrn Beelzebul geheißen haben, wieviel mehr seine Hausgenossen. 26 Fürchtet euch also nicht vor ihnen.

Textmeditation

– Welches Schaf geht freiwillig unter die Wölfe? ... Angst vor mancher Aufgabe, die mir unerhört hart erscheint, braucht keine krankhafte Erscheinung zu sein, sie ist in der Sache begründet ...
– Menschen, die mir Schutz geben sollten im weltlichen wie im kirchlichen Bereich, können sich gegen mich wenden: Wo Du mich sendest, erwartet mich Ablehnung statt Anerkennung, Gefährdung statt Schutz ...

– Wenn ich spüre, daß meine Argumente keinerlei Überzeugungskraft für andere besitzen, möchte ich verstummen ... Doch erst dieses Leerwerden macht mein Wort zum Gefäß dessen, was Du sagen willst ...
– Wo ich menschliche Geborgenheit erwarte und suche (in Familie und Freundschaft), erwächst tiefste Gefährdung ... Du traust mir zu, ohne diese Geborgenheit bis zum Ende durchhalten zu können ...
– Immer meine ich, nur aus einer tiefen Verwurzelung heraus Frucht bringen zu können ... doch Du mutest mir immer neue Entwurzelung zu, damit ich immer tiefer in Dir allein wurzle ...

Christusmeditation

– Du, Herr, hast Dich als Lamm mitten unter die Wölfe senden lassen ...
  Will ich es besser haben als Du? ...
– Du, Herr, hast Ablehnung und Gefährdung von kirchlichen und staatlichen Stellen erfahren ...
  Will ich es besser haben als Du? ...
– Du, Herr, konntest – ganz geöffnet zum Vater hin – das rechte Wort zur rechten Zeit sagen ...
  Öffne mich ganz für das Wirken des Geistes ...
– Selbst Du, Herr, warst in Deinem Auftrag gefährdet durch Deine Familie, ja sogar durch Deinen Jünger Petrus und hast Dich doch nicht beirren lassen ...
  Will ich es besser haben als Du? ...
– Du, Herr, hattest keinen festen Ort, Dein Haupt hinzulegen – bis Du nicht einmal mehr ein Stück Erde unter Deinen Füßen hattest ...
  Will ich es besser haben als Du? ...

Wahres Leben

Denn es ist nichts verhüllt, was nicht offenbar, und nichts verborgen, was nicht bekannt werden wird. 27 Was ich euch in der Finsternis sage, redet im Licht, und was ihr in das Ohr hört, verkündet von den Dächern. 28 Und fürchtet euch nicht vor denen, die den Leib töten, die Seele aber nicht töten können. Fürchtet vielmehr den, der Seele und Leib in der Gehenna verderben kann. 29 Kauft man nicht zwei Sperlinge für ein As? Und keiner von ihnen fällt auf die Erde ohne euren Vater. 30 Nun aber sind eure Haare auf dem Haupt alle gezählt. 31 Fürchtet euch also nicht. Ihr seid mehr wert als viele Sperlinge. 32 Jeder nun, der mich vor den Menschen bekennt, zu dem werde auch ich mich bekennen vor meinem Vater in den Himmeln. 33 Wer mich aber vor den Menschen verleugnet, den werde auch ich verleugnen vor meinem Vater in den Himmeln.

Grundmeditation

„Samenkorn" *(Symbolmeditation)*

Textmeditation

– Die entscheidenden Dinge zwischen Gott und dem Menschen spielen sich in der tiefsten Verborgenheit ab ...
– In dieser Verborgenheit liegt der keimende Samen des wahren Lebens, das in dieser Welt sichtbar und wirksam werden soll ...
– Eine Zerstörung des leiblichen Lebens kann dieses wahre Leben nicht antasten, während eine Zerstörung des wahren Lebens auch das leibliche Leben in die Vernichtung hineinzieht ...
– Wo das wahre Leben den Menschen zum Kind des Vaters

macht, umgreift dessen Sorge die geringfügigsten Kleinigkeiten des Lebens ...

– Aus dem äußeren Gestaltwerden der Samenkörner dieses wahren inneren Lebens (Bekenntnis ist Aufgabe – nicht Naturgeschehen!) wächst das Gottesreich in dieser Welt ...

Christusmeditation

– Du, Herr, hast Dich in der Stille der Verborgenheit dem Willen des Vaters geöffnet ...
Gib mir äußere und innere Stille, in der ich mich Deinem Willen öffnen kann ...

– Du, Herr, hast nach dem erlauschten Willen des Vaters gehandelt ...
Mach mein Leben im Reden und Tun zu einer Offenbarung des verborgenen Geheimnisses Deines Reiches ...

– Die eigentliche Gefahr Deines Lebens war der Versucher, der Dich vom Willen des Vaters abbringen wollte, nicht der Widerstand der Menschen, die Dein Leben zerstörten ...
Gib mir die Klarheit des Blickes, zwischen scheinbaren und wirklichen Gefahren zu unterscheiden ...

– In einem grenzenlosen Vertrauen hast Du Dich auf Liebe, Schutz und Führung des Vaters verlassen ... (Schlaf während des Sturmes) ...
Laß mich immer mehr lernen, ganz aus diesem Vertrauen zu leben ...

– Nicht nur dein Wort, sondern Dein ganzes Leben war ein Bekenntnis, ein Sichtbarmachen des verborgenen Willens des Vaters ...
Laß mein Leben in unserer Welt heute, für unsere Welt heute, immer mehr zum zeichenhaften Bekenntnis Deiner lebendigen Gegenwart werden ...

Heiliger Kampf

34 Meinet nicht, daß ich gekommen bin, um Frieden auf die Erde zu bringen. Nicht bin ich gekommen, um Frieden zu bringen, sondern das Schwert. 35 Denn ich bin gekommen, daß in Zwiespalt gerät der Mensch gegen seinen Vater und die Tochter gegen ihre Mutter und die Schwiegertochter gegen ihre Schwiegermutter. 36 Und des Menschen Feinde – seine Hausgenossen!

37 Und wer Vater oder Mutter mehr liebt als mich, ist meiner nicht wert. Und wer Sohn oder Tochter mehr liebt als mich, ist meiner nicht wert. 38 Und wer nicht sein Kreuz aufnimmt und mir nachfolgt, ist meiner nicht wert. 39 Und wer sein Leben findet, der wird es verlieren. Und wer sein Leben verliert um meinetwillen, der wird es finden.

40 Wer euch aufnimmt, der nimmt mich auf. Und wer mich aufnimmt, der nimmt den auf, der mich gesandt hat. 41 Wer einen Propheten aufnimmt im Namen eines Propheten, wird den Lohn eines Propheten empfangen. Und wer einen Gerechten aufnimmt im Namen eines Gerechten, wird den Lohn eines Gerechten empfangen. 42 Und wer einen von diesen Kleinen nur mit einem Becher kühlen (Wassers) tränkt, Amen, ich sage euch, er wird seinen Lohn nicht verlieren.

Grundmeditation

„Schwert" – „Schwertträger" ... *(Symbolmeditation)*
(Symbol des Angriffes, der Verteidigung, des Schutzes, der
Ehre, der Würde u. a. ...)

Textmeditation

Wen Du, Herr, berufst, dem übergibst Du das „Schwert" als
Symbol Deiner Herrschaft ...
– Würdig zum Schwerttragen ist, wer es zieht gegen seine Ab-
hängigkeit von denen, die ihm menschlich nahestehen und
sein menschliches Leben auf Kosten des wahren Lebens
schützen wollen ...
– Würdig zum Schwerttragen ist, wer es zieht gegen menschliche Bindungen, die über der Bindung an Dich, Herr, stehen ...
– Würdig zum Schwerttragen ist, wer es zieht gegen seinen eigenen Widerstand im Blick auf das „Kreuz" ... („Kreuz" –
Symbol des Christseins)
– Würdig zum Schwerttragen ist, wer es zieht gegen seinen vi-
talen Lebens- und Selbsterhaltungstrieb ...
Wer dieses Schwert würdig gebraucht, wird zum Ritter, der
seinen Herrn vertritt: Du selbst identifizierst Dich mit
ihm ...

Christusmeditation

Ich schaue Dich an, Herr, wo und wie Du in Deinem Leben das
„Schwert" gebraucht hast ...
Mach mich Dir ähnlich ...
Laß mich Deiner würdig sein ...

Von Gott im Stich gelassen?

1 Und es geschah, als Jesus die Anordnung an seine zwölf Jünger vollendet hatte, ging er von dort weg, um in ihren Städten zu lehren und zu verkündigen. 2 Johannes aber, der im Gefängnis von den Werken des Christus hörte, schickte aus und ließ ihm durch seine Jünger sagen: 3 Bist du der Kommende oder sollen wir einen anderen erwarten? 4 Und Jesus antwortete und sprach zu ihnen: Gehet und verkündet dem Johannes, was ihr hört und seht. 5 Blinde sehen wieder und Lahme gehen, Aussätzige werden rein und Taube hören und Tote werden erweckt und Armen wird das Evangelium verkündet. 6 Und selig ist, wer an mir nicht zu Fall kommt.

7 Als aber diese gingen, fing Jesus an, zu den Volksscharen über Johannes zu reden: Was zu sehen seid ihr in die Wüste hinausgezogen? Ein Schilfrohr, vom Winde bewegt? 8 Oder was zu sehen seid ihr hinausgegangen? Einen Menschen in weichen Kleidern? Siehe, die weiche Kleider tragen, sind in den Häusern der Könige. 9 Aber was zu sehen seid ihr hinausgezogen? Einen Propheten? Ja, sage ich euch, und mehr als einen Propheten. 10 Dieser ist es, über den geschrieben steht: Siehe, ich sende meinen Boten vor dir her, der deinen Weg bereiten wird vor dir. 11 Amen, ich sage euch: Unter den von Frauen Geborenen ist kein Größerer aufgestanden als Johannes der Täufer. Der Kleinste aber in der Himmelsherrschaft ist größer als er. 12 Von den Tagen Johannes des Täufers bis jetzt leidet die Himmelsherrschaft Gewalt, und Gewalttätige unterdrücken sie. 13 Denn alle Propheten und das Gesetz weissagten bis auf Johannes hin. 14 Und wenn ihr es annehmen wollt, er ist Elija, der kommen soll. 15 Wer Ohren hat, höre.

16 Wem aber soll ich dieses Geschlecht vergleichen? Es gleicht Kindern, die auf den Marktplätzen sitzen, die den anderen zurufen 17 und sagen: Wir haben Flöte gespielt und ihr habt nicht getanzt. Wir haben die Trauerklage angestimmt und ihr habt nicht (die Brust) geschlagen. 18 Denn Johannes ist gekommen, aß und trank nicht, und sie sagen: Er hat einen bösen Geist. 19 Der Menschensohn ist gekommen, aß und trank, und sie sagen: Siehe, wie ist der Mensch ein Fresser und Weinsäufer. Und die Weisheit wird von ihren Werken gerechtfertigt.

Textmeditation

Ein Mensch, der sein Leben total an Dein Leben gebunden hat, kann eines Tages vor der Existenzfrage seines Daseins stehen: Bist Du wirklich *die* letzte und einzige Erfüllung meines Lebens und meines Lebenssinnes? ...
Diese Frage bricht auf, wo ich mich im Stich gelassen fühle ...

– Deine Antwort ist eine Frage nach meinen Erfahrungen mit Dir: Hast du es gehört und gesehen – an dir selbst oder an anderen: daß der Weg zum Sehen über das Blindsein führt – zur Sendung über das Erleben eigener Unfähigkeit – zur Reinheit über das Erschrecken über die Schuld – zum Leben über die Erkenntnis der Todverfallenheit alles menschlich-irdischen Lebens – zum Empfang deines Reichtums über die Erfahrung der eigenen Armut? ...

– Deine Antwort ist eine Frage nach meinen Erwartungen: Was suchst du bei den Menschen, die in meinem Auftrag handeln? ...
   Suchst du Menschen, die dir Eindruck machen? ...
   Suchst du Menschen, die sich nach deinen Wünschen und Erwartungen richten? ...
   Suchst du Menschen, die dir den Weg zu mir zeigen? ...

– Deine Antwort ist ein klares Bekenntnis zu dem, der sein Leben an Dich gebunden hat:
   Du bekennst Dich zu ihm –
   nicht im Augenblick seines Erfolges, sondern seiner Niederlage ...
   nicht im Augenblick, wo er sich getragen fühlt, sondern wo er sich total ausgeliefert und verlassen erlebt ...
   dort verleihst Du ihm das Prädikat höchster menschlicher Größe und zeigst gleichzeitig, daß höchste menschliche Größe Deine Fülle nicht aufnehmen kann ...

– Deine Antwort ist eine Aufforderung an alle, denen Du begegnest: Legt nicht eure menschlichen Maßstäbe an mich an, sondern legt meine neuen Maßstäbe an euer Leben an – der Kleinste im Himmelreich ist größer als der Größte unter den Menschen ...

– Das alles verweist den einzelnen auf sich, seine Erfahrungen, Erwartungen, Hoffnungen u. Bewertungen. Aber der Text Mt 11,1–15 ist von dem Bekenntnis der matthäischen Gemeinde zu Jesus umschlossen, den sie uns vorstellen will als den Messias

111

Liebe erwartet Antwort

20 Dann begann er, die Städte zu schelten, in denen seine meisten Machttaten geschehen waren, weil sie nicht umgekehrt waren: 21 Wehe dir Chorazin! Wehe dir Bethsaida! Denn wären in Tyrus und Sidon solche Machttaten geschehen, wie bei euch geschehen sind, sie wären längst in Sack und Asche umgekehrt. 22 Doch ich sage euch: Es wird Tyrus und Sidon am Tag des Gerichts erträglicher gehen als euch. 23 Und du, Kafarnaum, daß du nicht bis zu Himmel erhöht, zur Unterwelt herabgestürzt werden wirst. Denn wären in Sodoma solche Machttaten geschehen, wie bei dir geschehen sind, es stünde bis heute. 24 Doch ich sage euch: Es wird dem Land Sodoma am Tag des Gerichts erträglicher gehen als dir.

25 In jener Zeit antwortete Jesus und sprach: Ich preise dich, Vater, Herr des Himmels und der Erde, weil du dies vor den Weisen und Verständigen verborgen und es den Unmündigen geoffenbart hast. 26 Ja, Vater, denn so war es gnädiger Wille vor dir. 27 Alles ist mir von meinem Vater übergeben worden. Und niemand kennt den Sohn, nur der Vater, noch kennt einer den Vater, nur der Sohn, und wem es der Sohn offenbaren will.

28 Kommet her zu mir, alle Mühseligen und Beladenen, und ich will euch erquicken. 29 Nehmt mein Joch auf euch und lernt von mir, denn ich bin mild und demütig von Herzen. Und ihr werdet Erquickung finden für eure Seelen. 30 Denn mein Joch ist sanft und meine Bürde leicht.

Grundmeditation

Echte Liebe ist für mich wie ... *(Metaphermeditation)*

Textmeditation

– Die Taten Deiner Liebe, Herr, sind dringende Rufe zur Umkehr ...
  Ich schaue mein Leben als den Raum, in dem unzählige Taten Deiner Liebe geschehen sind ...
– Deine Liebe ist Ruf, der auf Antwort wartet – die Antwort unserer Liebe entnimmt unser Leben dem Gericht ...
  Ich schaue mein Leben, wie Du es Dir wünschst: eine einzige Antwort auf Deine Liebe ...
– Das Geheimnis solcher Liebe erschließt sich dem Kind leichter als den Weisen und Klugen ...
  Ich schaue dieses Geheimnis – Ursache heiliger Anbetung: Der Weg zum Kindsein steht *jedem* offen ...
– Das Geheimnis dieser Liebe ist das Geheimnis des Vaters – Dir, Herr, übergeben, um es uns in Wort und Tat zu offenbaren ...
  Ich schaue ein Bild aus Deinem Leben, wo Du in Deinem Reden oder Tun das Geheimnis der Liebe des Vaters offenbarst ...
– Solche Liebe trägt die Last des andern und gibt ihm Anteil an der eigenen Last: Bild zweier Zugtiere, die nebeneinander im Joch gehen ...
  Ich fühle die Belastungen meines Lebens wie ein Joch, das auf mir liegt – ich fühle Dich neben mir, die Last mit mir ziehend, daß ich sie kaum mehr spüre ...

Christusmeditation

Jesus Christus – wahrer Gott – Du bist das Symbol der Liebe Gottes zu mir ...
Jesus Christus – wahrer Mensch – Du bist das Symbol der Liebesantwort des Menschen ...

113

Freiheit für letzte Bindung

1 In jener Zeit ging Jesus am Sabbat durch die Saatfelder. Seine Jünger aber hungerten. Und sie begannen, Ähren zu reiben und zu essen. 2 Die Pharisäer aber, die es sahen, sprachen zu ihm: Siehe, deine Jünger tun etwas, was am Sabbat zu tun nicht erlaubt ist. 3 Er aber sprach zu ihnen: Habt ihr nicht gelesen, was David tat, als er und seine Gefährten hungerte? 4 Wie er in das Haus Gottes eintrat und sie die Schaubrote aßen, die zu essen weder ihm noch seinen Gefährten erlaubt war, sondern allein den Priestern? 5 Oder habt ihr nicht im Gesetz gelesen, daß die Priester im Tempel den Sabbat brechen und doch ohne Schuld sind? 6 Ich sage euch aber: Hier ist mehr als der Tempel. 7 Wenn ihr es doch verstehen möchtet, was es heißt: Barmherzigkeit will ich und nicht Opfer, so hättet ihr nicht Unschuldige verurteilt. 8 Denn Herr ist der Menschensohn über den Sabbat.

9 Und er ging von dort weg und kam in ihre Synagoge. 10 Und siehe, (da war) ein Mensch, der hatte eine leblose Hand. Und sie fragten ihn und sprachen: Ist es erlaubt, am Sabbat zu heilen, daß sie ihn anklagen könnten. 11 Er aber sprach zu ihnen: Ist unter euch ein Mensch, der ein Schaf hat, und wenn dieses am Sabbat in eine Grube fällt, es nicht ergreift und aufhebt? 12 Wieviel mehr also ist ein Mensch als ein Schaf. Darum ist es erlaubt, am Sabbat Gutes zu tun. 13 Dann sagt er zu dem Menschen: Strecke deine Hand aus! Und er streckte sie aus, und sie war gesund wiederhergestellt wie die andere. 14 Die Pharisäer aber gingen hinaus und faßten einen Beschluß gegen ihn, daß sie ihn vernichten würden.

Grundmeditation

Ein Gesetz ist für mich wie ... *(Metaphermeditation)*

Textmeditation

– Deine Gebote haben einen tiefen Sinn:

114

Ich meditiere den Sinn des Sabbatgebotes:
Ruhe ist Ursprung der Kraft ...
Wer leer ist, hat Raum für Dich ...
Du bist der Herr meiner Arbeit ...
Was ich Dir schenke, bindet mich an Dich ...
– Deine Gebote sind Weg, nicht Ziel:
Ich meditiere die Grenzen der Gebote:
David – die Priester – die Lebensrettung eines Tieres:
es gibt etwas Größeres als das Gesetz ...
– Du, Herr, bist Ziel aller Gesetze und Gebote:
Ich meditiere Dich als das Ziel, auf das alles hinweist:
Du bist mehr als der Tempel ... Du bist größer als David ...

Existenzmeditation

– Wer durch das Tor des Gesetzes den inneren Sinn des Geset-
  zes erreicht hat, wird Herr über das Gesetz, frei, es zu gebrauchen oder nicht ...
– Wer sich an Dich als den Herrn über alle Gesetze gebunden
  hat, bekommt Anteil an Deiner Freiheit vom Gesetz ...
– Wer sein Leben und Handeln nach der Wertskala Deiner
  Liebe ausrichtet, bekommt einen klaren Blick dafür, wo Gesetze, Gebote und Regeln Hilfen sind – und wo sie Hinde-
  rungen sind für das, was sie im Innersten meinen ...

Bußmeditation

– Welche Bedeutung hat das Sabbatgebot für mein Leben? ...
– Ist die Norm meines Handelns das Gesetz oder die personale
  Bindung an den Herrn der Gesetze? ...
– Ist Deine Liebe – wie Du geliebt hast – das Grundgesetz mei-
  nes Lebens? ...

Tiefenmeditation

Ich schaue an, was mir groß und bedeutend erscheint – Du bist
mehr, Jesus Christus ...

Geliebter Sohn des Vaters

15 Jesus aber erfuhr es und zog sich von da zurück. Und viele folgten ihm nach, und er heilte sie alle. 16 Und er gebot ihnen, daß sie ihn nicht offenbar machen sollten, 17 damit erfüllt werde, was gesagt ist vom Propheten Jesaja, der spricht:
18 Siehe, mein Knecht, den ich erwählt habe, mein Geliebter, an dem meine Seele Gefallen* fand. Ich werde meinen Geist auf ihn legen, und er wird den Völkern das Recht** verkünden. 19 Er wird nicht zanken noch schreien, und man wird seine Stimme nicht auf den Straßen hören. 20 Das geknickte Rohr wird er nicht brechen, und den glimmenden Docht wird er nicht auslöschen, bis er das Recht zum Sieg hinausführt. 21 Und Völker werden auf seinen Namen hoffen.

---

* Andere Übersetzung: Wohlgefallen.
** Andere Übersetzung: Gericht.

Grundmeditation

Ich schaue ein Bild Deines verborgenen Wirkens, Herr, beleuchtet vom Scheinwerferlicht der Verheißungen Gottes ...

Christusmeditation

- Du, Herr, wahrer Gott und wahrer Mensch, hast die Fülle der Liebe des Vaters empfangen, hast das Wohlgefallen Gottes über Die gespürt ...
  Für uns ist das geschehen: Nun dürfen wir zu geliebten Kinder des Vaters werden ...
- Auf Dir, Herr, wahrer Gott und wahrer Mensch, ruhte der Geist des Vaters ...
  Für uns ist das geschehen: Nun dürfen wir um diesen Heiligen Geist bitten, gewiß, daß diese Bitte erhört wird ...
- Du, Herr, wahrer Gott und wahrer Mensch, hast in Deinem Leben scheinbar unüberbrückbare Gegensätze zur Einheit gebracht: Gericht als Quelle des Heiles ...
  Für uns ist das geschehen: Nun braucht uns unser Leiden, auch dort, wo es Gericht ist über die Schuld, nicht mehr vom Heil zu trennen, sondern es darf zum Träger des Heiles werden ...
- Dein Wirken, Herr, wahrer Gott und wahrer Mensch, geschah ohne Geschrei und Propaganda in der Stille und aus der Stille ...
  Für uns ist das geschehen: Welche Verheißung liegt dadurch gerade auf unserem stillen, verborgenen Tun, um das niemand weiß ...
- Du, Herr, wahrer Gott und wahrer Mensch, neigst Dich in Liebe zu allem, was schwach ist und am Verlöschen ...
  Für uns ist das geschehen: Ich fühle mich als ein glimmender Docht oder als ein zerstoßenes Rohr ... ich fühle mich geborgen in Deiner Liebe ...

Entweder – Oder

22 Da wurde ein Besessener zu ihm gebracht, der blind und stumm war. Und er heilte ihn, so daß der Stumme redete und sah. 23 Und alles Volk geriet außer sich und sie sprachen: Ist dieser nicht der Sohn Davids? 24 Die Pharisäer aber, die es hörten, sprachen: Dieser treibt die Dämonen nicht anders aus als durch Beelzebul, den Beherrscher der Dämonen. 25 Er aber erkannte ihre Gedanken und sprach zu ihnen: Jedes Reich, das in sich gespalten ist, wird veröden. Und jegliche Stadt oder Haus, das in sich gespalten ist, wird nicht bestehen. 26 Und wenn der Satan den Satan austreibt, ist er in sich gespalten. Wie wird also sein Reich bestehen? 27 Und wenn ich durch Beelzebul die Dämonen austreibe, durch wen treiben eure Söhne sie aus? Darum werden sie eure Richter sein. 28 Wenn ich aber durch den Geist Gottes die Dämonen austreibe, dann ist das Reich Gottes zu euch gelangt. 29 Oder wie kann jemand in das Haus des Starken eindringen und seine Habseligkeiten rauben, wenn er nicht zuerst den Starken bindet? Und dann wird er sein Haus ausrauben. 30 Wer nicht mit mir ist, der ist gegen mich, und wer nicht mit mir sammelt, zerstreut.

31 Deshalb sage ich euch: Jede Sünde und Lästerung wird den Menschen vergeben werden, die Lästerung des Geistes aber wird nicht vergeben werden. 32 Und wer ein Wort redet wider den Menschensohn, dem wird vergeben werden. Wer aber redet wider den heiligen Geist, dem wird nicht vergeben werden, weder in diesem Äon noch im kommenden.

33 Setzt entweder einen guten Baum und seine Frucht wird gut, oder setzt einen schlechten Baum und seine Frucht wird schlecht. Denn an der Frucht wird der Baum erkannt. 34 Otterngezücht, wie könnt ihr Gutes reden, da ihr böse seid? Denn aus dem überfließenden Herzen redet der Mund. 35 Der gute Mensch bringt aus dem guten Schatz Gutes hervor, und der schlechte Mensch bringt aus dem schlechten Schatz Schlechtes hervor.

36 Ich sage euch aber: Jedes unnütze Wort, das die Menschen reden, am Tag des Gerichts werden sie darüber Rechenschaft geben. 37 Denn aus deinen Worten wirst du gerechtgesprochen werden, und aus deinen Worten wirst du verurteilt werden.

Textmeditation

– Jeder Mensch lebt aus einer verborgenen Grundentscheidung heraus: Für das Reich Gottes oder für das Reich des Bösen. Alles Wissen um die Verflochtenheit des Guten mit
dem Bösen in unserem Herzen und in unserem Tun darf dieses nicht verdecken ...

– Mit unüberbietbarer Dringlichkeit rufst Du uns auf, diese
verborgene Grundentscheidung zu erkennen und neu für
Dich zu fällen: „Wer nicht für mich ist, der ist gegen
mich" ...
Diese Grundentscheidung fällt in einer Öffnung gegenüber
Deinem Heiligen Geist oder in einem Mich-Verschließen
vor ihm. Sie ist relevant für dieses und für jenes Leben ...

– Kriterien dieser oft vor mir selbst verborgenen – Grundentscheidung sind:
das *Tun* als Frucht des Seins ... *(V. 28)*
das *Wort* – als Ausfluß innerer Erfülltheit ... *(V. 32)*
die *Wirkung* auf andere – belebend oder zerstörend (der
Kranke redet und sieht durch seine Begegnung mit Dir!) ...

– Zeichenhaftes Tun der Überwindung von etwas Bösem in
dieser Welt weist nicht nur hin auf meine eigene Grundentscheidung (in der Tun, Wort und Wirkung wurzeln), sondern wird zum symbolischen Hinweis auf Dich, der Du den
Satan gefesselt hast, um sein Haus zu plündern ... *(V. 29)*

Christusmeditation

Ich schaue Dich in dem Bild, das Du selbst geschaut hast: Du –
der den Satan gefesselt hat – der ihm sein Eigentum nimmt –
der das Haus des Satans betritt, um es auszuplündern. Dein
Sieg ist der Raum, innerhalb dessen ich den Kampf gegen das
Böse führe ...

Brauche ich Beweise?

38 Da antworteten ihm einige Schriftgelehrte und Pharisäer und sagten: Lehrer, wir wollen ein Zeichen sehen. 39 Er aber antwortete und sprach zu ihnen: Ein böses und ehebrecherisches Geschlecht verlangt ein Zeichen. Und es wird ihm kein Zeichen gegeben werden außer das Zeichen des Propheten Jona. 40 Wie nämlich Jona drei Tage und drei Nächte im Bauch des Seeungeheuers war, so wird auch der Menschensohn drei Tage und drei Nächte im Schoß der Erde sein. 41 Die Männer von Ninive werden bei Gericht mit diesem Geschlecht auftreten und es verurteilen. Denn sie kehrten um auf die Predigt des Jona. Und siehe, mehr als Jona ist hier. 42 Die Königin des Südlandes wird beim Gericht mit diesem Geschlecht auferweckt werden und es verurteilen. Denn sie kam von den Grenzen der Erde, um die Weisheit Salomos zu hören. Und siehe, mehr als Solomo ist hier.

43 Wenn aber der unreine Geist aus dem Menschen ausgefahren ist, durchzieht er wasserlose Gegenden, sucht Ruhe und findet sie nicht. 44 Da sagt er: In mein Haus will ich zurückkehren, von dem ich ausgefahren bin. Und er kommt und findet es leer, gefegt und geschmückt. 45 Da geht er und nimmt andere sieben Geister, die schlimmer sind als er, mit sich. Und sie treten ein und wohnen dort. Und was jener Mensch jetzt tut, wird ärger sein als das Erste. So wird es auch mit diesem bösen Geschlecht sein.

Grundmeditation

„Zeichen" *(Symbolmeditation)*
(Suche ich „Zeichen", welchen Weg ich gehen soll – ob meine
Fürbitte erhört ist – welche Aufgabe auf mich wartet ...?)

Textmeditation

– Wer Zeichen als Beweise sucht, steht noch außerhalb des in-
  nersten Wirkbereiches Gottes ...
– Wer kein Zeichen mehr sucht (obwohl ihn dringend danach
  verlangt, Deinen Willen zu erkennen und zu tun), konzen-
  triert sich ganz auf das Grundsymbol christlichen Daseins:
  Dein Sterben und Auferstehen, Herr ...
– Wer dort seine Wurzeln hat, dem wird das Auge geöffnet für
  Zeichen des Heiles in Geschichte und Gegenwart: Symbole,
  welche hinweisen auf den, der mehr ist als alle Zeichen ...
– Wer mit so geöffneten Augen schaut, der erkennt in solchen
  Zeichen Deine Anfragen an uns:
  Menschen ändern plötzlich ihr Leben – auch heute noch.
  Weshalb tun sie das? ...
  Wieviel mehr Grund hätten wir ...
  Menschen wagen einen Aufbruch – auch heute noch. Wes-
  halb tun sie das? ...
  Wieviel mehr Grund hätten wir ...
– Wer sichtbare Zeichen empfangen hat, weiß, daß sie für
  eine Zeit Licht und Klarheit geben mögen, er weiß aber
  auch, daß sie täuschen können, er weiß, daß – wenn sie aus-
  bleiben – man sich in noch tieferer Dunkelheit befindet ...
  Wer in zeichenloser Weise Dich in der Dunkelheit des
  Nichtwissens sucht, öffnet Dir sein Haus an einer Stelle, wo
  die dunklen Gewalten keinen Einlaß finden ...

Sinn und Grenze der Familie

46 Als Jesus noch zu den Volksscharen redete, siehe, da standen seine Mutter und Brüder draußen und suchten, ihn zu sprechen. 47 Einer aber sprach zu ihm: Siehe, deine Mutter und deine Brüder stehen draußen und suchen, dich zu sprechen. 48 Er aber antwortete und sprach zu dem, der es ihm sagte: Wer ist meine Mutter und wer sind meine Brüder? 49 Und er streckte seine Hand über seine Jünger aus und sprach: Siehe, meine Mutter und meine Brüder. 50 Denn wer den Willen meines Vaters in den Himmeln tut, der ist mir Bruder und Schwester und Mutter.

Grundmeditation

„Bruder" oder „Mutter" *(Symbolmeditation)*

Textmeditation

– Ich fühle mich in Dich hinein, wie Du als Kind aufgewachsen bist im Kreis Deiner Familie. Ich ahne, wie sich die Liebe Deines Herzens an diesen nächsten Menschen formte und wuchs ...
– Ich versuche, mich heranzutasten, wie Du vielleicht eines Tages gespürt hast, daß „Vater" mehr in sich birgt, als ein einzelner Mensch in seiner Begrenzung darstellen kann – daß das Wort „Mutter" bis in die Tiefe des Seins reicht, – daß „Bruder" und „Schwester" mehr meint als die Geschwister, neben denen Du aufwuchsest ...
– Ich versuche, mitzuerleben, wie Dich der Ruf Gottes aus diesen menschlichen Bindungen herauslöste – und wie Du die Zeichen zurückgelassen hast, um die Wirklichkeit zu suchen, auf die die Zeichen hinwiesen ...
– In diesem Tun erlebtest Du selbst das Geheimnis des *Vaters:*

Was man um seinetwillen zurückläßt, wird einem in der neuen, tieferen Wirklichkeit ganz neu geschenkt …
hier leuchtet zeichenhaft etwas auf von dem Gott, der nicht gebunden ist an unsere menschlichen Grenzen von Blutsverwandtschaft, Sympathie und Ausschließlichkeit …

Existenzmeditation

Was uns bisher Hilfe war auf dem Weg zu Dir, kann eines Tages zum Hindernis werden, wenn es uns binden will, anstatt uns freizugeben für den Sprung in die Dunkelheit der tiefen göttlichen Wirklichkeit …

Christusmeditation

– Herr, Du hast Deine Familie geliebt, wie es niemand von uns tut …
   Laß uns nicht erschrecken vor menschlicher Liebe, sondern laß uns erschrecken vor unserem Mangel an Liebe zu den Angehörigen …
– Herr, Du hast Dich gelöst, als der Ruf Gottes Dich traf …
   Laß uns erfahren, daß jede Lösung, die Du von uns erbittest, ein Schritt näher zu Dir ist, der unendlich viel mehr für uns bereit hat, als jeder zurückgelassene Mensch uns geben könnte …
– Herr, Du hast nicht nur eine unzählbare Schar neuer Brüder und Schwestern gefunden – Du hast Deiner leiblichen Familie und Deiner großen neuen Familie die Möglichkeit geschenkt, Dir näher zu sein als jedem anderen Menschen …
   Laß uns erkennen – mit der Liebe des Herzens –, daß Du jedem von uns näher bist als der nächste Mensch – …
   wie unendlich groß die Schar derer ist, mit denen jeder von uns durch Dich – in Dir – verbunden ist …

Keimendes Gottesleben

1 An jenem Tag ging Jesus aus dem Haus und setzte sich an das Meer. 2 Und viele Volksscharen versammelten sich bei ihm, so daß er in das Boot stieg, um sich zu setzen. Und das ganze Volk stand am Ufer. 3 Und er redete vieles in Gleichnissen zu ihnen und sprach: Siehe, es zog ein Sämann aus zu säen. 4 Und als er säte, fiel einiges auf den Weg. Und die Vögel kamen und fraßen es. 5 Anderes aber fiel auf Felsboden, wo es nicht viel Erdreich hatte. Und sogleich sproßte es auf, weil es nicht tiefe Erde hatte. 6 Als aber die Sonne aufging, versengte es. Und weil es keine Wurzel hatte, verdorrte es. 7 Anderes aber fiel unter die Dornen. Und die Dornen gingen auf und erstickten es. 8 Anderes aber fiel auf guten Boden und brachte Frucht, etliches hundertfach, etliches sechzigfach, etliches dreißigfach. 9 Wer Ohren hat höre. (…) 18 Höret ihr also das Gleichnis vom Sämann. 19 Wenn jemand das Wort vom Reich hört und nicht versteht, kommt der Böse und raubt, was da in sein Herz gesät ist. Dieser (= Samen) ist der auf den Weg Gesäte. 20 Auf den Felsgrund aber ist dieser gesät, der das Wort hört und sofort mit Freude aufnimmt. 21 Er hat aber keine Wurzel in sich, sondern ist ein Augenblicksmensch. Kommt Drangsal oder Verfolgung wegen des Wortes, nimmt er sofort Anstoß. 22 In die Dornen gesät aber ist dieser, der das Wort hört; und die Sorge der Weltzeit und die Lust des Reichtums ersticken das Wort, und es bleibt fruchtlos. 23 Auf guten Boden gesät aber ist dieser, der das Wort hört und versteht, der dann auch Frucht bringt und trägt, etliches hundertfach, etliches sechzigfach, etliches dreißigfach.

Grundmeditation

Ich sehe vor mir ein Stück Erdreich – Samenkörner fallen hinein – der Samen braucht die Erde, die ihn aufnimmt …

Ich fühle mich selbst als dieses Stück Erde. Ich warte, was geschieht ...

„Existenzmeditation"

– Ich habe in mir Stellen – hart, festgetreten – der Same kann
  nicht eindringen ...
– Ich habe in mir Stellen – weiche, warme Erde über hartem
  Felsen – der Same dringt ein – schlägt Wurzel – bis er auf
  den Felsen stößt: hier geht es nicht weiter – ...
– Ich habe in mir Stellen – zu viele verschiedene Samenkörner
  auf zu kleinem Raum – keines kann sich richtig entfalten ...

Tiefenmeditation

Ich öffne mich für ein gutes Samenkorn – lasse es in mich einsinken – mit jedem Atemzug (Ausatmen) sinkt es ein Stück tiefer – bis zur Mitte meines Wesens – ich lasse es ruhen ...
einmal wird es zu keimen beginnen. Ich fühle, wie die Wurzeln in mich hineinwachsen – sie wollen meine Lebenskräfte
in sich hineinnehmen ...
Alles geschieht still ... ich warte ... bis ich nichts anderes mehr
bin als Erdreich, bereit, das keimende Leben Gottes in mir zu
nähren ... mich so verwandeln zu lassen in meine eigentliche
Erfüllung hinein ...

Christusmeditation

Jesus Christus, laß mich Dich liebend anschauen, damit sich
Dein Bild immer tiefer in mir ein- und ausprägt:
– Wahrhaftiger Gott – Du hast Dich selbst als den Sämann gesehen, welcher den Samen des Wortes Gottes auswirft ...
  Du hast auch uns dieses kostbare Gut anvertraut ...
– Wahrhaftiger Mensch – Du hast Dich selbst dem Wort des
  Vaters geöffnet, um es ganz in Dich aufzunehmen ...
  Vergib, daß uns so vieles wichtiger ist als dieses Wort ...

Sehen mit neuen Augen

10 Und seine Jünger traten heran und sagten ihm: Warum redest du in Gleichnissen zu ihnen? 11 Er aber antwortete und sprach zu ihnen: Euch ist es gegeben, die Geheimnisse der Himmelsherrschaft zu verstehen, jenen aber ist es nicht gegeben. 12 Denn wer hat, dem wird gegeben werden und er wird Überfluß haben. Wer aber nicht hat, dem wird auch genommen werden, was er hat. 13 Darum rede ich in Gleichnissen zu ihnen, weil sie sehend nicht sehen und hörend nicht hören noch verstehen. 14 Und es erfüllt sich an ihnen die Prophetie des Jesaja, die sagt:
Mit dem Gehör werdet ihr hören und es nicht verstehen,
und sehenden (Auges) werdet ihr sehen und es nicht einsehen.
15 Denn verstockt ist das Herz dieses Volkes.
Und mit den Ohren hören sie schwer,
und die Augen haben sie geschlossen,
daß sie nicht sehen mit den Augen
und mit den Ohren hören
und mit dem Herzen verstehen und sich bekehren
und ich sie heilen werde.
16 Eure Augen aber sind selig, weil sie sehen, und eure Ohren, weil sie hören. 17 Denn Amen, ich sage euch: Viele Propheten und Gerechte sehnten sich danach zu sehen, was ihr seht, und sahen es nicht, und zu hören, was ihr hört, und hörten es nicht. (...)
34 Dies alles redete Jesus in Gleichnissen zu den Volksscharen, und ohne Gleichnis redete er nichts zu ihnen, 35 damit erfüllt werde, was gesagt ist vom Propheten, der spricht:
Ich will in Gleichnissen meinen Mund auftun,
ich will aussprechen, was verborgen war seit der Schöpfung.

Textmeditation

Herr, wenn wir lange genug auf die Frage Deiner Jünger hören: „Warum redest du zu ihnen in Gleichnissen?", dann wachen unsere eigenen Fragen auf:

126

– „Warum redest Du auch zu uns – bis heute noch – in Bildern und Gleichnissen?"
Deine Antwort: Ich wohne in einem unzugänglichen Licht –
ihr könnt mir nur nahen auf dem Wege über Bilder und
Gleichnisse ...
Aber ich zeige euch auch, daß die ganze Welt, jedes Ding, jeder Mensch, jedes Ereignis solches Gleichnis ist ...
– „Wie kann ich denn die Welt, die mir so klar vor Augen
liegt, als geheimnisvolles Gleichnis verstehen?"
Deine Antwort: Jedes Ding dieser Welt, jede Person, jedes
Geschehen kann man auf eine doppelte Weise betrachten:
vordergründig oder als Zeichen einer verborgenen viel tieferen Wirklichkeit ...
– „Wozu ist es nötig, die Welt nicht nur so zu sehen, wie sie
vor Augen liegt, sondern wach zu werden für ihre geheimnisvolle Transparenz?"
Deine Antwort: Wer nur vordergründig lebt und die Welt
nur so in sich einläßt, kann zu einer großen Fülle des Wissens kommen und doch dabei innerlich immer ärmer werden ...
Wer den geheimnisvollen Gleichnischarakter der Welt
schaut, dem wird der kleinste Teil zum Eingangstor in eine
Fülle, die er nicht fassen kann ...
– „Wie können menschliche Sinne – Augen und Ohren – solche Fülle überhaupt fassen?"
Deine Antwort: Sehen und Hören „mit dem Herzen" erspürt
den Hintergrund der Dinge. Wo Gott selbst Augen und Ohren öffnet, erlebt der Mensch mitten im Alltag lebendige
Zeichen göttlicher Wirklichkeit ...
– „Was kann ich tun, um Anteil an dieser Fülle zu bekommen?"
Deine Antwort: Du darfst mich bitten um das, was ich für
Dich bereit habe:
Augen, die sehen, und Ohren, die hören ...
Du darfst mir danken für den Reichtum, der dein Leben umgibt und immer mehr erfüllen will ...

Geduld gegenüber dem Bösen

24 Ein anderes Gleichnis legte er ihnen vor und sprach: Mit der Himmelsherrschaft verhält es sich wie mit einem Menschen, der guten Samen auf seinen Acker säte. 25 Als aber die Leute schliefen, kam sein Feind und säte Tollkorn mitten unter den Weizen und ging davon. 26 Als aber die Pflanze wuchs und Frucht hervorbrachte, da erschien auch das Tollkorn. 27 Die Knechte des Hausherrn traten herzu und sprachen zu ihm: Herr, hast du nicht guten Samen auf deinen Acker gesät? Woher hat er denn das Tollkorn? 28 Er aber sagte zu ihnen: Ein feindseliger Mensch hat das getan. Die Knechte sagen ihm: Willst du denn, daß wir hingehen und es einsammeln? 29 Er aber sagte: Nein, daß ihr nicht beim Einsammeln des Tollkorns zugleich mit ihm den Weizen ausreißt. 30 Laßt beides zusammen wachsen bis zur Ernte. Und zur Zeit der Ernte werde ich den Schnittern sagen: Sammelt zuerst das Tollkorn ein und bindet es in Bündel, um es zu verbrennen, den Weizen aber bringt ein in meine Scheune. (...)
36 Dann verließ er die Volksscharen und kam in das Haus. Und seine Jünger traten zu ihm und sprachen: Deute uns das Gleichnis vom Tollkraut auf dem Acker. 37 Er aber antwortete und sprach: Der den guten Samen sät, ist der Menschensohn. 38 Der Acker ist die Welt. Der gute Same, das sind die Söhne des Reiches. Das Tollkraut aber sind die Söhne des Bösen. 39 Der Feind, der es sät, ist der Teufel. Die Ernte ist die Vollendung der Weltzeit. Die Schnitter sind die Engel. 40 Wie also das Tollkraut eingesammelt und im Feuer verbrannt wird, so wird es bei der Vollendung der Weltzeit gehen. 41 Der Menschensohn wird seine Engel aussenden, und sie werden aus seinem Reich alle Ärgernisse und die da die Gesetzlosigkeit tun einsammeln. 42 Und sie werden sie in den Feuerofen werfen. Dort wird Heulen und Zähneknirschen sein. 43 Dann werden die Gerechten leuchten wie die Sonne im Reich ihres Vaters. Wer Ohren hat, der höre!

Textmeditation

- Ich sehe meinen Lebensraum als ein Stück Weizenfeld mit Weizenpflanzen und Unkraut. *(Bilder kommen lassen, nicht erschrecken, nicht beurteilen, nicht steuern, nicht verdrängen)*
- Ich identifiziere mich mit einer Weizenpflanze, fühle mich in sie hinein. – Was braucht es alles vom ersten Keimen bis zur Frucht? ...
  Ich übertrage das alles auf mein Leben ...
- Ich spüre, wie die Wurzeln der Unkräuter die Wurzeln des Weizens durchwachsen, wie ihre Ranken sich um die Halme schlingen, sie ihrer Freiheit berauben, sie zu ersticken drohen ...
  Und ich fühle den Wunsch des Weizens, davon befreit zu werden ...
  Ich übertrage das alles auf mein Leben ...
- Ich höre die Frage der Knechte: Dürfen wir das Unkraut ausreißen? ...
  Ich höre diese Frage in mir selbst mitschwingen ...
- Ich vernehme Deine Antwort: Habt Geduld bis zur Ernte – bis alles, das Gute wie das Böse, zur Reife gekommen ist ...
  Niemals wiegt die Zerstörung von etwas Bösem die Vernichtung von etwas Gutem auf! ...

Tiefenmeditation

„Die Gerechten werden leuchten wie die Sonne" ... Herr Jesus Christus, Du hast das Gute in mir gesät ... Du selbst bist die „Sonne" in mir ... Laß alles reifen bis zur Ernte, damit Dein Glanz in mir zum Leuchten kommt ... Laß diesen Glanz mich immer mehr durchdringen, bis ich selbst zu leuchten beginne ...

129

Geheimnis des kleinen Beginns

31 Ein anderes Gleichnis legte er ihnen vor und sprach: Mit der Himmelsherrschaft verhält es sich wie mit dem Senfkorn, das ein Mensch nahm und auf seinen Acker säte. 32 Es ist das kleinste unter allen Samenkörnern. Wenn es aber wächst, ist es das größte der Gemüsekräuter und wird zum Baum, so daß die Vögel des Himmels kommen und in seinen Zweigen nisten.
33 Ein anderes Gleichnis redete er zu ihnen: Mit der Himmelsherrschaft verhält es sich wie mit einem Sauerteig, den eine Frau nahm und in drei Sea Mehl verbarg, bis daß es ganz durchsäuert war.

Symbolmeditation
„Senfkorn"

Ich schaue verschiedene Samenkörner an, lasse sie durch meine Hand gleiten, fühle ihre verschiedenen Formen und Größen und vergleiche sie mit den Pflanzen, die aus ihnen wachsen wollen: Größe und Form des Samens sagen nichts aus über die Gestalt der Pflanze ...
Ich wähle eines dieser Samenkörner, aus dem ein großer Busch oder ein Baum wachsen kann –
ich erlebe innerlich mit, wie aus diesem Samen ganz still und stetig die Pflanze wächst *(wie man im Film das Aufblühen einer Knospe im Zeitraffer miterleben kann)* ...
und verweile dann im Schauen auf das Samenkorn, bis sich mir seine Geheimnisse erschließen und mich durchdringen:
– Die Möglichkeit solchen Wachstums in diesem Korn ...
– die Kraft des Wachsenmüssens in diesem kleinen Korn ...
– die Vielfalt, die sich später entfalten wird, in der Einheit des Ursprungs in diesem kleinen Korn ...
– die Geduld des Wartenkönnens und Wartenmüssens – zur

selbstverständlichen Lebensform geworden – in diesem kleinen Korn ...
– die Gefährdung des Kornes durch diejenigen, die einmal
Nutzen, Freude und Leben durch die gewachsene Pflanze bekommen sollen: Die Vögel, die das Korn picken und im
Baum nisten ...

Symbolmeditation
„Sauerteig"

Ich erlebe innerlich, was hier als Gleichnisbild verwendet wird:
Ich schaue, wie der Sauerteig unter den Brotteig geknetet wird ...
Ich fühle mich hinein in den Vorgang, wie der Sauerteig den
ganzen Teig durchsäuert – die Langsamkeit dieses Geschehens
– die Intensität dieses Geschehens ...
Ich verweile bei diesem Miterleben, bis sich mir das Geheimnis
mehr und mehr erschließt und auch mich durchdringt:
– das Bild des Sauerteigs für die Keimzellen göttlicher Wirklichkeit in dieser Welt ...
  vielleicht ein Wort der Heiligen Schrift ...
  vielleicht ein ahnendes Verstehen dessen, was mir in Brot
  und Wein der Eucharistie geschenkt wird ...
  vielleicht ein Erkennen gesegneten Leides ...
  vielleicht eine Tat der Liebe, in der die Freude Gottes auf-
  bricht ...
  vielleicht ein menschliches Miteinander, in dem Christus
  erlebbar wird ...
– das Bild des Durchgeknetetwerdens des ganzen Teiges mit
  dem Sauerteig ...
  vielleicht in meinem persönlichen Dasein ...
  vielleicht in meinem engsten Lebenskreis ...
  vielleicht in dem Stück Welt, in das ich hineingestellt bin ...
– das Bild des stillen, stetigen, unaufhaltsamen Durchdrin-
  gens oder Durchdrungenwerdens ...
  Ich wählte eine Möglichkeit und verweile dabei, sie an-
  schauend, bis das Geschehen in mir selbst zur Wirklichkeit
  wird ...

Höchster Wert

44 Mit der Himmelsherrschaft verhält es sich wie mit einem Schatz, der im Acker verborgen war. Ein Mensch fand und versteckte ihn. Und in seiner Freude geht er weg und verkauft alles, was er hat, und kauft jenen Acker. 45 Wiederum verhält es sich mit der Himmelsherrschaft wie mit einem Kaufmann, der schöne Perlen sucht. 46 Als er eine überaus kostbare Perle fand, ging er hin, verkaufte alles, was er hatte, und kaufte sie.

Grundmeditation
„Schatz"

Gibt es in meinem Leben etwas „Höchstes", für das ich alles hingeben würde? ...

, Du List mein Schatz "

Textmeditation

– Herr, Deinen Schatz zu entdecken heißt: Verkaufe alles, um ihn zu erwerben – billiger geht es nicht! ...
  1. Schritt: Innere Lösung von allen materiellen Gütern ... (Wo dieser Schritt getan wird, bahnt sich darin große Freiheit an und der zweite Schritt leuchtet schon auf: Alle äußeren Güter sind Symbole für innere Güter ...)
  2. Schritt: Innere Lösung von allen geistigen Gütern ... (Freude, Glück, Befriedigung, Anerkennung weisen immer über sich hinaus auf einen Wunsch nach Erfüllung, der die Möglichkeiten dieser Güter übersteigt ...)
  3. Schritt: Innere Lösung von allen geistlichen Gütern ... (Geistliche Gaben sind verstreute Splitter dieses Schatzes – höchstes Glück für den, der noch nicht den ganzen Schatz besitzt – sie können eine Zeitlang den Eindruck erwecken, als seien sie dieser Schatz selbst ...)

– Herr, Deinen Schatz zu besitzen heißt:
 Mein Leben wird von Grund auf anders! ...
 Wer den Schatz gefunden hat,
 wartet nicht mehr auf irgendein Glück in einer vagen Zukunft, sondern lebt im *Jetzt* ...
 läßt alle innere Unruhe zurück, alles ruhelose Suchen und
 ruht im *Hier* ...
 kann alle quälende Unzufriedenheit hinter sich lassen und
 ist gestillt im *So* seines konkreten Lebens ...
 Wer den Schatz in sich trägt,
 lebt nicht mehr nach außen, sondern nach innen ...
 Wer den Schatz besitzt,
 hat die Möglichkeit, grenzenlos zu schenken, ohne selbst
 dabei zu verlieren ...

Christusmeditation

– Ich schaue, Herr, wie es sich in Deinem Leben verwirklicht
 hat, daß der, welcher den Schatz entdeckt hat, *alles* verkaufen muß, um ihn ganz zu besitzen ...
– Ich schaue, Herr, wie es sich in Deinem Leben und Sein verwirklicht hat: „Das Himmelreich ist mitten unter euch" ...

Tiefenmeditation

„So lebe nun nicht mehr ich, sondern Christus lebt in mir" ...

Berufen – auch auserwählt?

47 Mit der Himmelsherrschaft verhält es sich wie mit einem Netz, das ins Meer geworfen wurde und (Fische) aller Art einfing. 48 Als es voll war, zogen sie es ans Ufer. Und sie setzten sich und sammelten die guten in Gefäße, die schlechten aber warfen sie weg. 49 So wird es bei der Vollendung der Weltzeit gehen. Die Engel werden ausziehen und die Bösen aus der Mitte der Gerechten aussondern 50 und sie in den Feuerofen werfen. Dort wird Heulen und Zähneknirschen sein.

51 Habt ihr dies alles verstanden? Sie sagten ihm: Ja. 52 Er aber sprach zu ihnen: Deshalb ist jeder Schriftgelehrte, der in der Himmelsherrschaft unterrichtet ist, einem Hausvater gleich, der aus seinem Schatz Neues und Altes austeilt.

Textmeditation

– Herr, Du hast Dein Netz ausgeworfen und mich gefangen! ...
  Wie seltsam, daß ich diese Gefangenschaft als höchste Seligkeit erlebe und dennoch immer neu in Gefahr bin, ausbrechen zu wollen! ...

– Das Gefangensein in Deinem Netz, Herr, ist keine Garantie für das Auserwähltsein! ... Vielleicht gelten Deine härtesten Gerichtsworte denen, die sich innerhalb dieses Netzes befinden ...

– Erst das Ans-Land-Ziehen des Netzes macht eine Scheidung möglich! ... Erst dort, wo man seinem Lebenselement entrissen wird (biblisch: wo man vom Kreuz getroffen wird), geschieht die Scheidung ...

– Gute Fische sind die, welche als Nahrung verwertbar sind ...
  Einmal wirst Du die Menschen sammeln, welche in ihrem Leben und Sterben „Nahrung" für andere waren ... Wer

diese Bedingungen nicht erfüllt hat, wird weggeworfen, nutzlos ...

Christusmeditation

– Ich schaue Dich, Herr, als „Gefangenen", gebunden durch den Willen des Vaters ... ohne den Wunsch, aus dieser Bindung auszubrechen ...
Gib mir immer wieder den Blick der Unterscheidung zwischen dem scheinbaren Glück, das der Versucher mit anbietet und dem wahren Glück, das Du für mich bereitet hast ...

– Ich lasse in mich ein, daß Du nicht nur Petrus und Johannes berufen hast, sondern ebenso Judas Iskariot, Dir nachzufolgen ...
Laß mir das Böse, dem ich auch in der Kirche begegne, nicht Anlaß werden zum Ärgernis, sondern zur eigenen Umkehr ...

– Gerade dort, wo Dein Leben auf das Kreuz zuging, hast Du das „Ja, Vater" gesagt ...
Laß mich nicht dem Kreuz, das auf mich wartet, ausweichen, sondern Dich immer neu bitten um die Kraft, „Ja, Vater" zu sagen.

– Immer hast Du Dein Leben für andere gelebt, doch erst am Kreuz enthüllt sich das „für euch" als das Herz Deiner Sendung ...
Hilf mir, mich täglich einzuüben in ein Leben für andere, damit einmal dort, wo alle eigene Aktivität aufhören muß, mein Leben und Sterben – im Einssein mit Dir – zur Quelle der Nahrung für andere wird ...

Tiefenmeditation

Dein Gefangener, Herr ...
Seligkeit dieser Gefangenschaft ...

Nähe Gottes im Alltag

53 Und es geschah, als Jesus diese Gleichnisse vollendet hatte, ging er von dort weg.

54 Und er kam in seinen Heimatort und lehrte sie in ihrer Synagoge, so daß sie außer sich gerieten und sprachen: Woher hat dieser diese Weisheit und Wunder? 55 Ist dieser nicht der Sohn des Bauhandwerkers? Heißt seine Mutter nicht Mariam und seine Brüder Jakobus und Josef und Simon und Judas? 56 Und sind alle seine Schwestern nicht bei uns? Woher also hat dieser dies alles? 56 Und sie nahmen an ihm Anstoß. Jesus aber sagte zu ihnen: Ein Prophet wird nicht verachtet, außer in seinem Heimatort und in seinem Haus. 58 Und wegen ihres Unglaubens tat er dort nicht viele Wunder.

Textmeditation

– Menschliches Leben ist immer irgendwie unterwegs zwischen der Heimat – mit ihren Chancen und mit ihren Gefahren – und der Fremde – mit ihren Chancen und mit ihren Gefahren ...
  Herr, Dasein (ganz da sein, wo man ist) ist der Schlüssel, der mir das Geheimnis Deines Willens für mein Leben hier und jetzt erschließt ...
– Wir Menschen möchten Dich, Herr, im Unbekannten ansiedeln. Wie oft ziehen wir eine Trennwand zwischen der uns vertrauten Welt und Dir ...
  Du aber willst uns nicht nur im Fremden, Unbekannten, sondern auch im Nahen, Vertrauten begegnen ...
– Kenntnis der natürlichen Gesetzmäßigkeiten schließt die Möglichkeit nicht aus, sondern ein, daß göttliche Kräfte in diesen Raum der Welt einströmen ...
  Mach mich wach und offen, Deine Nähe zu erfahren, wo immer *Du* sie mir schenken willst, anstatt mich Dir zu verschließen, indem ich immer auf den Punkt starre, wo *ich* Dich gerade erwarte ...
– Je näher man Dich kennt, Herr, desto größer ist die Gefahr, sich an Dir zu ärgern ...
  Bewahre mich davor, jemals zu meinen, ich kenne Dich so gut, daß ich Dich nach *meinen* Maßstäben beurteilen könnte. Laß mich meine Maßstäbe immer neu nach Deinen ausrichten ...
– Herr, Du brauchst unseren Glauben, um Dein Werk zu tun ...
  Ich versuche, mich diesem unfaßbaren Geheimnis zu öffnen, es ganz tief in mich einsinken zu lassen ...

Auftrag, Unrecht aufzudecken

1 In jener Zeit hörte Herodes, der Tetrarch, die Kunde von Jesus. 2 Und er sprach zu seinen Dienern: Dieser ist Johannes der Täufer. Er ist von den Toten auferweckt worden. Und darum wirken die Kräfte in ihm.

3 Denn Herodes ließ Johannes ergreifen und fesseln und in das Gefängnis setzen wegen Herodias, der Frau seines Bruders Philippos. 4 Johannes nämlich hatte ihm gesagt: Es ist dir nicht erlaubt, sie zu haben. 5 Und er wollte ihn töten, fürchtete aber die Volksmenge, weil sie ihn für einen Propheten hielten. 6 Als aber Herodes den Geburtstag beging, tanzte die Tochter der Herodias inmitten (der Gesellschaft), und sie gefiel dem Herodes. 7 Deshalb versprach er mit einem Schwur, ihr zu geben, was immer sie verlangt. 8 Sie aber, von ihrer Mutter dazu bewogen, sagte: Gib mir hier auf der Schüssel das Haupt Johannes' des Täufers. 9 Und traurig befahl der König wegen der Schwüre und der Gäste, es zu geben. 10 Und er schickte und ließ Johannes im Gefängnis enthaupten. 11 Und sein Haupt wurde auf einer Schüssel gebracht und dem Mädchen gegeben. Und sie trug es zu ihrer Mutter. 12 Und seine Jünger kamen, holten den Leichnam und bestatteten ihn. Und sie kamen und meldeten es Jesus.

Grundmeditation

Ein entscheidendes Wort, einmal ausgesprochen, ist wie ...
(Metapher suchen)

Textmeditation

Identifizierung mit Herodes
– Ich fühle mich ein in Herodes, wie es wohl zu dieser Schuld
  gekommen sein mag, die Johannes aufdeckt ...
  Was schwingt dabei in mir mit? ...

– Ich fühle mich ein, wie Herodes das richtende Wort des Johannes vernahm und wie er darauf reagierte ...
  Was schwingt dabei in mir mit? ...
– Ich fühle mich ein, wie es zu diesem ungeschützten Eid-Versprechen kam, offen vor allen Gästen ...
  Was schwingt dabei in mir mit? ...
– Ich fühle mich ein in seine Gefühle, als die Tochter der Herodias ihren Wunsch aussprach ...
  Was schwingt dabei in mir mit? ...
– Ich fühle mich ein in Herodes, wie ihm nach vollbrachter Tat zumute gewesen sein mag (V. 1 u. 2) ...
  Was schwingt dabei in mir mit? ...

Identifizierung mit Johannes
– Ich fühle mit ihm, was er erleben mag, als ihm dieser Auftrag Gottes deutlich wird ...
– Ich gehe mit ihm zu Herodes ...
– Ich erlebe mit ihm, wie man ihn zum Schweigen bringt und ins Gefängnis wirft ...
– Ich verlebe mit ihm die Zeit im Gefängnis ...
– Ich erlebe die letzten Minuten mit ihm ...

Christusmeditation

Ich sehe vor mir den langen ausgestreckten Finger des Täufers auf dem Kreuzigungsbild des Isenheimer Altares: In allem, was Johannes erlebt, ist er der, der auf Jesus zeigt.
– Ich schaue Dich, Herr, unter dem Auftrag, verborgenes Unrecht aufzudecken ...
– Ich schaue Dich, Herr, auf dem Weg zu denen, die Dir Unrecht tun und Unrecht tun werden ...
– Ich erlebe mit Dir, Herr, das immer klarer werdende Wissen um die Unausweichlichkeit Deines Todes ...

Bei Dir fehlt mir nichts

13 Als aber Jesus das hörte, zog er sich von dort im Boot an einen einsamen Ort allein zurück. Und die Volksscharen hörten davon und folgten ihm zu Fuß von den Städten nach. 14 Und als er hinaustrat, sah er die große Menge. Und er erbarmte sich über sie, und er heilte ihre Kranken.

15 Als es Abend wurde, traten seine Jünger an ihn heran und sagten: Der Ort ist einsam und die Stunde schon vorgerückt. Entlaß die Volksscharen, damit sie in den Dörfern sich Speise kaufen. 16 Jesus aber sprach zu ihnen: Es ist nicht nötig, daß sie fortgehen. Gebt ihr ihnen zu essen. 17 Sie aber sagen ihm: Wir haben hier nur fünf Brote und zwei Fische. 18 Er aber sprach: Bringt mir sie her. 19 Und er befahl, daß die Volksscharen sich auf dem Gras lagern sollten. Er nahm die fünf Brote und die zwei Fische, blickte zum Himmel auf, sprach das Segensgebet, brach und gab die Brote den Jüngern, die Jünger aber (gaben sie) den Volksscharen. 20 Und alle aßen und wurden satt. Und sie hoben die übriggebliebenen Brokken auf, zwölf Körbe voll. 21 Es waren etwa fünftausend Männer, die gegessen hatten, ohne die Frauen und Kinder.

Grundmeditation

„Brot" (Symbol für alles, wovon der Mensch lebt) ... *(Symbolmeditation)*

Textmeditation

Identifizierung mit dem Volk:
– Manchmal müssen wir Dir nachlaufen ...
– Es kann sein, daß wir Dich in der Wüste finden ...
– Dir begegnen heißt, von Dir angeschaut werden ...
– Oft scheint es, als ob Du Dich nur um unser Inneres, nicht um unsere leiblichen Bedürfnisse kümmertest ...

– Wer in Deiner Nähe ist, kann Zeit und Hunger vergessen –
  Einbruch eines Funkens Deiner Ewigkeit in unsern Äon ...
– Es kann geschehen, daß Du für uns sorgst, ohne daß wir uns
  sorgen oder etwas dazutun ...
– Bei Dir finden wir Sättigung ...

Identifizierung mit den Jüngern:

– Wie oft meinen wir, eine Not oder Gefahr zu sehen, die Du
  nicht zu sehen scheinst ...
– Wie oft meinen wir, menschliche Hingabe an Dich müsse
  eingeschränkt werden durch die Rücksicht auf das, was der
  Mensch zum Leben braucht ...
– Du sagst uns: Ihr habt alles, was ihr braucht, ihr habt die
  Fülle – auch für andere ...
– Unsere geringen Möglichkeiten scheinen uns in keinem
  Verhältnis zu stehen zu dem, was gebraucht wird ...
– Dein Gebot lautet: Gebt, was ihr habt – es ist reichlich ge-
  nug, wenn ihr es mir zur Verfügung stellt ...

Schauen auf Jesus:

– Du suchtest nach einer tiefen Erschütterung die Einsam-
  keit ...
– Du blicktest auf die, welche Dich stören, mit einem tiefen
  Erbarmen ...
– Du kennst meine geringen Möglichkeiten und willst sie be-
  nutzen ...
– Du gibst den Menschen, was sie suchen und dazu, was sie
  brauchen ...

Tiefenmeditation

„Du allein genügst" (Teresa von Avila)

Jesus sagt: „Komm!"

22 Und sogleich nötigte er die Jünger, in das Boot einzusteigen, um ihm an das andere Ufer vorauszufahren, bis er die Volksscharen entlassen habe. 23 Und als er die Volksscharen entlassen hatte, ging er für sich auf einen Berg, um zu beten. Als es Abend wurde, war er dort allein. 24 Das Boot aber war schon viele Stadien vom Land entfernt und war in Not von den Wellen, denn es war Gegenwind. 25 In der vierten Nachtwache kam er zu ihnen, über das Meer wandelnd. 26 Die Jünger aber, die ihn über das Meer wandeln sahen, erschraken und sagten: Es ist ein Gespenst. Und vor Furcht schrien sie. 27 Sofort aber redete Jesus zu ihnen und sagte: Faßt Mut, ich bin es, fürchtet euch nicht. 28 Petrus aber antwortete ihm und sprach: Herr, wenn du es bist, befiehl, daß ich auf den Wassern zu dir komme. 29 Er aber sprach. Komm. Und Petrus stieg aus dem Boot herab und wandelte über den Wassern und kam zu Jesus. 30 Als er aber den Wind sah, fürchtete er sich. Als er unterzugehen begann, schrie er und sagte: Herr, rette mich. 31 Sogleich streckte Jesus die Hand aus, ergriff ihn und sagt ihm: Kleingläubiger, weshalb hast du gezweifelt? 32 Und als sie in das Boot hinaufstiegen, legte sich der Wind. 33 Die im Boot aber fielen vor ihm nieder und sagten: Wahrhaftig bist Du Gottes Sohn.

34 Und als sie hinübergefahren waren, kamen sie an Land, nach Gennesaret. 35 Und da die Männer jener Gegend ihn erkannten, schickten sie aus in jene ganze Umgebung, und sie brachten ihm alle Kranken. 36 Und sie baten ihn, daß sie nur die Quaste seines Gewandes berühren dürften. Und die ihn berührten, wurden geheilt.

Textmeditation

- Manchmal schickst Du sogar Deine Mitarbeiter weg, um mit dem Volk allein zu bleiben ...
- Selbst Du, Herr, brauchst das Alleinsein! ...
- Wenn uns der Wind entgegen ist, scheint uns der Weg hart, auf den Du uns schickst ...
- Manchmal ist die Nacht schon weit fortgeschritten, ehe Du Dich blicken läßt ...
- Dein Kommen, Herr, kann bei uns zuerst Schrecken auslösen statt Freude, wenn wir Dich nicht klar erkennen ...
- Gerade aus der Dunkelheit rufst Du uns zu: „Fürchtet euch nicht! Ich bin es!" ...
- Wo ich Dich vermute, darf ich Dich bitten um Deinen Ruf ...
- Nur, wer von Dir gerufen wird, darf den Schritt aus dem sicheren Boot heraus wagen ...
- Ob Du selbst es bist oder ein Phantom, erkenne ich, wo ich den Schritt wage ...
- Wer Deinem Ruf folgt, hat festen Grund unter sich – auf dem Land wie auf dem Wasser ...
- Das Schauen auf Dich trägt mich über den Abgrund ...
- Auf was ich schaue, zieht mich in sich hinein ...
- Ein Wort von Dir deckt auf, daß mein Zweifel grundlos war ...
- Deine Vollmacht zu erleben, zieht Konsequenzen nach sich: Staunen und Anbetung ...
- Von Deinem Dasein, Herr, geht Heil aus ...

Fürbittmeditation

Unter der Beleuchtung dieses Textes bitte ich für einen Menschen, der sich in scheinbar auswegloser Lage befindet ...
und für alle Menschen in ähnlicher Lage ...

Reinheit des Herzens

1 Darauf kommen von Jerusalem Pharisäer und Schriftgelehrte zu Jesus und sagen: 2 Weshalb übertreten deine Jünger die Überlieferung der Alten? Denn sie waschen nicht die Hände, wenn sie Brot essen. 3 Er aber antwortete ihnen und sprach: Weshalb übertretet denn ihr das Gebot Gottes wegen eurer Überlieferung? 4 Gott nämlich sprach: Ehre den Vater und die Mutter! und: Wer Vater oder Mutter schmäht, soll des Todes sterben. 5 Ihr aber sagt: Wer dem Vater oder der Mutter gesagt hat: Weihegeschenk sei, was dir von mir geschuldet wird, 6 der braucht seinen Vater nicht zu ehren. Und ihr hebt das Wort Gottes auf wegen eurer Überlieferung. 7 Heuchler, fein hat Jesaja über euch geweissagt, als er sprach: 8 Dieses Volk ehrt mich mit den Lippen, ihr Herz aber ist weit von mir entfernt. 9 Vergeblich verehren sie mich, da sie Menschengebote als Lehren vortragen. 10 Und er rief die Volksmenge herbei und sprach zu ihnen: Höret und begreift! 11 Nicht, was zum Mund eingeht, verunreinigt den Menschen, sondern was aus dem Mund kommt, das verunreinigt den Menschen.

12 Da traten die Jünger an ihn heran und sagten: Weißt du, daß die Pharisäer Anstoß nahmen, als sie das Wort hörten? 13 Er aber antwortete und sprach: Jede Pflanzung, die nicht mein himmlischer Vater gepflanzt hat, wird herausgerissen werden. 14 Laßt sie! Sie sind blinde Führer. Wenn ein Blinder einen Blinden führt, fallen beide in die Grube.

15 Petrus antwortete und sprach zu ihm: Deute uns das Gleichnis! 16 Er aber sprach: Seid auch ihr noch unverständig? 17 Versteht ihr nicht, daß alles, was zum Mund eingeht, in den Bauch gelangt und zum Abtritt hinausgeht? 18 Was aber aus dem Mund hervorgeht, kommt aus dem Herzen, und das verunreinigt den Menschen. 19 Denn aus dem Herzen kommen böse Gedanken, Mord, Ehebruch, Unzucht, Diebstahl, falsches Zeugnis, Lästerung. 20 Dies ist es, was den Menschen verunreinigt. Aber mit ungewaschenen Händen essen, verunreinigt nicht.

Grundmeditation

Ich erlebe innerlich, wie ich „Reinheit" mit den Sinnen wahr-nehmen kann (sehen, hören, fühlen, schmecken) ...

Textmeditation

– Äußere Reinheit kann Hilfe sein zur inneren Reinheit (Sinn der Reinheitsgebote) ...
– Wo sich die Wertschätzung der äußeren Reinheit absolut setzt, wird sie oft zum Hindernis für die innere Reinheit ...
– Innere Reinheit ist mehr als äußere, ist vom Äußeren her unantastbar ...
– Die eigentliche Unreinheit sitzt im „Herzen", im Zentrum des Menschen ...

Christusmeditation

– Du hast die Gesetze erfüllt, wo sie im Einklang mit dem Wil-len des Vaters stehen, warst jedoch wach für jede verborgene Übertretung dieses Willens unter dem „Dach" des Geset-zes ...
  Laß mich wach und liebend spüren, was Dein wahrer Wille ist, durch alle Gebote und Gesetze hindurch ...
– Deine innere Reinheit war unantastbar – ich schaue Dich inmitten der Sünder, im Richthaus des Pilatus, am Kreuz ...
  Mach mich frei von aller Furcht vor „Ansteckung" ...
– Dein „Herz", die Mitte Deines Wesens, war rein von aller Unreinheit ...
  Bilde mein Herz nach Deinem Herzen ...

Tiefenmeditation

Ich öffne mich bis in die Tiefe meines Seins dem Feuer Deiner Liebe, welches jede Unreinheit verzehrt ...

Du schweigst

21 Und Jesus ging von dort weg und zog sich in die Gegend von Tyrus und Sidon zurück. 22 Und siehe, eine kanaanäische Frau aus
jenem Gebiet zog aus, schrie die Worte: Erbarme dich meiner
Herr, Sohn Davids. Meine Tochter ist schlimm besessen. 23 Er aber
antwortete ihr kein Wort. Und seine Jünger traten heran, baten
ihn und sprachen: Schick sie fort, denn sie schreit hinter uns her.
24 Er aber antwortete und sagte: Ich bin nur gesandt zu den verlorenen Schafen des Hauses Israel. 25 Sie aber kam, fiel vor ihm nieder und sagte: Herr, hilf mir. 26 Er aber antwortete und sprach: Es
ist nicht recht, den Kindern das Brot zu nehmen und den Hündlein vorzuwerfen. 27 Sie aber sagte: Ja, Herr, aber doch essen die
Hündlein von den Brosamen, die von den Tischen ihrer Herren
fallen. 28 Da antwortete Jesus und sagte ihr: Frau, dein Glaube ist
groß. Es soll dir geschehen, wie du willst. Und ihre Tochter war
gesund von jener Stunde an.

Grundmeditation

Der Glaube der Kanaanäerin ist wie ... *(Metaphermeditation)*

Textmeditation

– Du schweigst, Herr ...
  Es gibt Menschen, die Deine Nähe immer wieder spürbar er-
  leben, und es gibt Menschen, die nur Dein unergründliches
  Schweigen erfahren ...
– Dein Schweigen hält an – auch im Anblick dieser konkreten
  Not ...
  Wir erleben nicht nur: „Wo die Not am größten, ist Gottes
  Hilfe am nächsten", sondern wir erleben auch, daß Dein
  Schweigen angesichts unserer Not Dein unergründliches
  Geheimnis vor uns hinstellt ...

– Die Fürbitte Deiner Jünger wird nicht Anlaß, dieses Schweigen zu brechen, aber sie wird Anlaß, daß Du dieses Schweigen deutest ...
Wer seine eigene oder fremde Not Dir hinhält, kann es erfahren, daß vielleicht plötzlich ein verborgener Sinn darin
aufleuchtet, der die Not verwandelt, ohne sie wegzuneh-
men ...

– Als wahrer Mensch nimmst Du die Begrenzung Deines
Menschseins an und tust Dein Werk nur innerhalb der
Grenzen des Dir vom Vater zugeordneten Raumes ...
Begrenzung ist notwendig, damit jede Begegnung so intensiv
sein kann, daß Du gerade dadurch alle – die ganze Mensch-
heit – erreichst ...

– Es gibt einen Glauben, der nicht nur Berge versetzt, sondern
Dein Herz öffnet, daß die Ströme des Gottesheiles alle Grenzen überströmen ... Dieser Glaube wächst heraus aus dem
harten Boden des Ja-Sagens zu Deinem Schweigen ...

Tiefenmeditation

Ich lasse den Glauben dieser Frau in seinen verschiedenen Sta-
tionen in mich ein ... und mich davon durchdringen ...

Du siehst, was mir fehlt

29 Und Jesus zog von dort weg und kam an das Meer von Galiläa, und er stieg auf den Berg und setzte sich dort. 30 Und viele Volksscharen kamen zu ihm, die hatten Lahme, Blinde, Krüppel, Stumme und viele andere mit sich. Und sie legten sie zu seinen Füßen nieder. 31 Und er heilte sie, so daß das Volk sich verwunderte, als sie sahen, daß Stumme redeten, Krüppel gesund wurden und Lahme gingen und Blinde sahen. Und sie priesen den Gott Israels.
32 Jesus aber rief seine Jünger und sprach: Ich habe Erbarmen mit der Volksmenge, denn schon drei Tage harren sie bei mir aus und haben nichts zu essen. Und ich will sie nicht ohne Speise entlassen, damit sie nicht auf dem Weg erliegen. 33 Und seine Jünger sagen ihm: Woher werden uns in der Wüste so viele Brote zuteil, daß wir eine solche Volksmenge sättigen? 34 Und Jesus sagt ihnen: Wieviel Brote habt ihr? Sie aber sprachen: Sieben, und wenige Fischlein. 35 Und er befahl der Volksmenge, sich auf den Boden zu lagern, 36 nahm die sieben Brote und die Fische und sprach das Dankgebet, brach und gab sie den Jüngern, die Jünger aber (gaben sie) den Volksscharen. 37 Und alle aßen und wurden satt. Und sie hoben die übriggebliebenen Brocken auf, sieben Körbe voll. 38 Es waren aber viertausend Männer, die gegessen hatten, ohne die Frauen und Kinder. 39 Und er entließ die Volksscharen, stieg in das Boot und kam in das Gebiet von Magadan.

Grundmeditation

Wie wohltuend ist es, von einem Menschen in Liebe angeschaut zu werden, der mir ansieht, wo etwas fehlt, ohne daß
ich es sagen muß. Ich fühle diesen Blick auf mir ...

Textmeditation

– Ich schaue die Schar der Menschen, die zu Dir hinströmen –
  jeder mit seinen Gebrechen. Menschen, die sich auf diesem
  Wege gegenseitig helfen und helfen lassen ...
  Ich bin unter ihnen ...
– Ich fühle mich hinein, wie Dein Blick auf der Schar der
  Menschen geruht hat ...
  Du siehst meine Nöte und Schwierigkeiten, noch ehe ich sie
  selbst erkenne ...
– Wer in Dein Kraftfeld kommt, empfängt Heilung. Heilung,
  die auch für andere erkennbar ist ...
  Auch ich habe das schon erfahren – an mir ... an ande-
  ren ... ich preise Gott dafür ...
– Du rufst Deine Jünger zu Dir und besprichst mit ihnen
  Deine Sorge um die Menschen ...
  Rufst Du mich vielleicht deshalb manchmal in die Stille,
  weil Du etwas mit mir besprechen möchtest – vielleicht die
  Not eines Menschen? ...
– Nichts ist Dir zu gering. Das verschwindend Wenige, was
  wir, die Deinen, haben, läßt Du Dir geben. Du benutzt es –
  dankend – brechend – gebend – um damit die Menschen um
  uns her zu sättigen – überreich ...

Tiefenmeditation

Ich fühle Deinen Blick auf mir ruhen – Du siehst tiefer als ich
selbst – Du siehst, was mir im tiefsten fehlt ...

Wegzeichen

1 Und die Pharisäer und Sadduzäer traten an ihn heran, um ihn zu versuchen. Sie baten ihn, ihnen ein Zeichen vom Himmel vorzuführen. 2 Er aber antwortete und sprach zu ihnen: Wenn es Abend wird, sagt ihr: Schönes Wetter, denn der Himmel ist feurig. 3 Und am Morgen: Heute kommt Sturm, denn der Himmel ist feurig und trübe. Das Angesicht des Himmels versteht ihr zu beurteilen, die Zeichen der Zeiten aber kennt ihr nicht? 4 Ein böses und ehebrecherisches Geschlecht verlangt ein Zeichen. Und es wird ihm kein Zeichen gegeben außer das Zeichen des Jona. Und er ließ sie stehen und ging weg.

5 Und als die Jünger an das andere Ufer kamen, hatten sie vergessen, Brote mitzunehmen. 6 Jesus aber sprach zu ihnen: Gebt acht und hütet euch vor dem Sauerteig der Pharisäer und Sadduzäer! Sie aber dachten bei sich selbst und sagten: Wir haben keine Brote mitgenommen. 8 Jesus erkannte es und sprach: Was denkt ihr bei euch selbst, ihr Kleingläubigen, daß ihr keine Brote habt? 9 Versteht ihr noch nicht und erinnert ihr euch nicht an die fünf Brote für die Fünftausend und wieviel Körbe ihr aufgehoben habt? 10 Und nicht an die sieben Brote für die Viertausend und wieviel Körbe ihr aufgehoben habt? 11 Wie versteht ihr nicht, daß ich nicht über Brote zu euch sprach? Hütet euch vor dem Sauerteig der Pharisäer und Sadduzäer![1] 12 Da begriffen sie, daß er nicht gesagt hatte, daß sie sich hüten sollten vor dem Sauerteig der Brote, sondern vor der Lehre der Pharisäer und Sadduzäer.

Grundmeditation

Ein Wanderer findet immer wieder „Wegzeichen", solange er sich auf dem richtigen Weg befindet ... ich übertrage das auf meinen Weg mit Jesus Christus ... *(Symbolmeditation)*

Textmeditation

– „Es wird ihm kein Zeichen gegeben werden außer das Zeichen des Jona"
  Der Weg, auf dem uns Deine Zeichen begleiten, ist nur der Weg des Mitsterbens und Mitauferstehens mit Dir, Herr ...
– „Ein böses und ehebrecherisches Geschlecht verlangt ein Zeichen"
  Wer nicht auf diesem Weg geht, wird vergebens auf ein Zeichen von Dir warten ...
– „Erinnert ihr euch nicht ...?"
  Wer auf diesem Weg geht, wird eine Fülle von Zeichen erleben ...
– „Ihr Kleingläubigen – versteht ihr noch nicht ...?"
  Wer Zeichen von Dir erlebt hat, darf das nicht ungetadelt vergessen ...
– Alle Zeichen auf dem Weg sind Hinweis auf das Zeichen, das Du mit Deinem Sterben und Auferstehen gesetzt hast ...

Wer bin ich für dich?

13 Als Jesus aber in die Gegend von Kaisareia Philippi kam, fragte er seine Jünger und sprach: Für wen halten die Menschen den Menschensohn? 14 Sie aber sprachen: Die einen für Johannes den Täufer, andere für Elija, wieder andere für Jeremia oder einen der Propheten. 15 Und er sagt ihnen: Ihr aber, für wen haltet ihr mich? 16 Simon Petrus antwortete und sprach: Du bist der Christus, der Sohn des lebendigen Gottes. 17 Jesus aber antwortete und sprach zu ihm: Selig bist du, Simon Barjona, denn nicht Fleisch und Blut offenbarten dir, sondern mein Vater in den Himmeln. 18 Und ich, ich sage Dir: Du bist Petrus (Fels), und auf diesen Fels werde ich meine Kirche bauen, und die Pforten der Unterwelt werden sie nicht überwältigen. Und was du auf Erden binden wirst, soll in den Himmeln gebunden sein, und was du auf Erden lösen wirst, soll in den Himmeln gelöst sein. 20 Dann gebot er den Jüngern, sie sollten keinem sagen, daß er Christus ist.

Grundmeditation

Christus, du bist für mich wie ... *(Metaphermeditation)*

Textmeditation

– Ich versetze mich innerlich in einen jener Menschen, die
  Dich erlebt und sich daraus eine Meinung gebildet haben ...
  Ich schaue auf die Menschen, unter denen ich heute lebe:
  Was sagen sie über Dich? ... Welches Bild haben sie von
  Dir? ... Welche Erfahrungen mögen dahinterstehen? ...
– Du willst nicht, daß unser Bekenntnis dem nachgesprochen
  ist, was andere über Dich sagen ...
  Ich fühle Deinen Blick auf meinem Leben ruhen, fragend,
  woher mir meine Erkenntnis gekommen ist ... ein froher
  Blick? ... oder ein sorgenvoller Blick? ...
– Für den, in dem Du das Wirken des Vaters erkennst, hast
  Du Auftrag und Verheißung bereit ...
  Ich sehe vor mir einen Menschen, der „ganz Ohr" ist ... so
  lasse ich mein ganzes Sein hineinfließen in die Frage: Herr,
  welchen Auftrag hast Du für mich? ...
– Als höchste Gabe vertraust Du dem Petrus die „Schlüssel der
  Himmelsherrschaft" an ...
  Ich meditiere den Schlüssel als Symbol ... Schlüssel zwi-
  schen den Menschen ... Schlüssel zwischen Gott und
  Mensch ...

Tiefenmeditation

Ich fühle die Festigkeit und Sicherheit eines Felsens ... ich
lasse mich hineinziehen in dieses Fels-Sein ...
Die Kirche Jesu Christi – auf Felsen gegründet ... auch ich ein
Stein in diesem gegründeten Bauwerk ...

Wer mein Jünger sein will

21 Von da an begann Jesus seinen Jüngern zu zeigen, er müsse nach Jerusalem gehen und vieles leiden von den Ältesten und Hohenpriestern und Schriftgelehrten und getötet werden und am dritten Tag auferweckt werden. 22 Und Petrus nahm ihn zu sich und begann, ihn anzufahren, und sprach: Gnädig sei er dir, Herr. Dies soll dir nicht widerfahren. 23 Er aber wandte sich um und sagte zu Petrus: Weiche hinter mich, Satan! Du bist mir ein Ärgernis, denn du sinnst nicht auf das Göttliche, sondern auf das Menschliche.

24 Dann sprach Jesus zu seinen Jüngern: Wenn jemand hinter mir hergehen will, verleugne er sich selbst, und nehme sein Kreuz auf, und so folge er mir nach. 25 Denn wenn einer sein Leben retten will, wird er es verlieren. Wer aber sein Leben verliert um meinetwillen, wird es finden. 26 Denn was wird es einem Menschen nützen, wenn er die ganze Welt gewinnt, sein Leben aber einbüßt? Oder was wird ein Mensch als Kaufpreis geben für sein Leben? 27 Denn der Menschensohn wird kommen in der Herrlichkeit seines Vaters mit seinen Engeln. Und dann wird er jedem vergelten nach seinem Tun.

28 Amen, ich sage euch: Es sind einige unter den hier Stehenden, die den Tod nicht kosten werden, bis sie den Menschensohn kommen sehen in seinem Reich.

Grundmeditation

Ich schaue mich in einer Gruppe von Menschen auf einer gefahrvollen Hochgebirgswanderung. Wir kommen zu einer lebensgefährlichen Stelle. Der Bergführer weist daraufhin. Ich spüre, daß er selbst gefährdet ist. Wie verhalte ich mich?

Textmeditation

– Ich schaue auf Jesus Christus:
  Du bringst uns todverfallenen Menschen die Erlösung, in-

dem Du leidend und sterbend den Tod in das Leben und das Leiden in Seligkeit hineinverwandelst ...

Ich kann mich diesem neuen Denken gegenüber öffnen oder verschließen ...

Du fragst mich: Willst du mir nachfolgen? ...

— Ich schaue auf Petrus:

Du zeigst ihm, daß nachfolgen heißt: den geliebten Menschen in das Leiden hinein freizugeben. Wer das nicht tut, wird zum Versucher, denkt menschlich, nicht göttlich ...

Ich kann mich diesem neuen Denken gegenüber öffnen oder verschließen ...

Du fragst mich: Willst du mir nachfolgen? ...

— Ich schaue auf mein Leben:

Dir nachfolgen heißt: die Welt verlieren ...

Dir nachfolgen heißt: mein Kreuz ganz annehmen ...

Dir nachfolgen heißt: mein Leben verlieren ...

Dir nachfolgen heißt: das Leben gewinnen ...

Ich kann mich diesem neuen Denken gegenüber öffnen oder verschließen ...

Du fragst mich: Willst du mir nachfolgen? ...

Nachfolgemeditation

Ich meditiere im Blick auf mein eigenes Leben oder das Leben anderer Christen die Möglichkeit, im Tun der Nachfolge so mit Dir eins zu werden, daß man schon hier zeichenhaft etwas von der Verwandlung erfährt ...

Gnadenstunden

1 Und nach sechs Tagen nimmt Jesus den Petrus und Jakobus und Johannes, dessen Bruder, und führt sie beiseite auf einen hohen Berg. 2 Und er wurde vor ihnen verwandelt. Und sein Angesicht leuchtete wie die Sonne, seine Kleider aber wurden weiß wie das Licht. 3 Und siehe, es erschien ihnen Mose und Elija, die redeten mit ihm. 4 Petrus aber antwortete und sprach zu Jesus: Herr, es ist schön, daß wir hier sind. Wenn du willst, werde ich hier drei Hütten machen, für dich eine, für Mose eine und für Elija eine. 5 Als er noch redete, siehe, da überschattete sie eine lichte Wolke. Und siehe, eine Stimme aus der Wolke sprach: Dieser ist mein geliebter Sohn, an dem ich Wohlgefallen habe, höret auf ihn! 6 Und als das die Jünger hörten, fielen sie auf ihr Angesicht und fürchteten sich sehr. 7 Und Jesus trat heran, berührte sie und sprach: Stehet auf und fürchtet euch nicht! 8 Als sie aber ihre Augen erhoben, sahen sie niemanden außer Jesus allein.

9 Und als sie vom Berg herabstiegen, gebot ihnen Jesus und sprach: Sagt niemandem von dem Gesicht, bis der Menschensohn von den Toten auferweckt worden ist.

10 Und die Jünger fragten ihn und sprachen: Was sagen denn die Schriftgelehrten, Elija müsse zuerst kommen? 11 Er aber antwortete und sprach: Elija kommt zwar und wird alles wiederherstellen. 12 Ich aber sage euch: Elija ist schon gekommen, und sie haben ihn nicht erkannt, sondern an ihm getan, was sie wollten. So wird auch der Menschensohn durch sie leiden. 13 Da verstanden die Jünger, daß er von Johannes dem Täufer zu ihnen redete.

Grundmeditation

„Transparenz" (Es gibt Gnadenstunden, in denen die Herrlichkeit Gottes die Gegebenheiten dieser Welt durchleuchtet – habe ich irgendeine Spur davon vielleicht schon ahnend erlebt? ...)

Textmeditation

– Im Schauen auf Dich, Herr, ahne ich Möglichkeiten, die im
  Gebet verborgen liegen:
  Gebet kann zur Verwandlung führen ...
  Gebet kann zur Begegnung mit dem „vollendeten Gerech-
  ten" führen ...
  Gebet kann öffnen, Gottes Stimme zu vernehmen ...
– In der Identifizierung mit den Jüngern erkenne ich mich
  neu vor Dir:
  Es gibt besondere Gnadenstunden, die Du Menschen erle-
  ben läßt ...
  (Symbol: Er führt sie auf einen hohen Berg)
  Wer Gnadenstunden erlebt, möchte sie festhalten ...
  (Symbol: Hütten bauen, d. h. Eigentum – Dauer – Rückkehr-
  möglichkeit ...)
  Wo übersinnliche Wirklichkeit zeichenhaft eintritt in den
  Raum unserer sinnlichen Wahrnehmbarkeit, übersteigt die-
  ses Erleben das menschliche Fassungsvermögen weit ...
  (Symbol: „Sie fielen auf ihr Angesicht")
  Gnadenstunden sind Gaben des Vertrauens ...
  (Symbol: Schweigen als bergender Schutz um die kostbare
  Gabe ...)
  Gnadenstunden stehen oft am Beginn eines Leidenswe-
  ges ...
  (Symbol: Johannes der Täufer als der Wegbereiter im Lei-
  den ...)

Fürbittmeditation

Ich bete im Licht dieses Textes für alle Begnadeten.

Nichts ist unmöglich

14 Und als sie zur Volksmenge kamen, trat zu ihm ein Mensch, fiel vor ihm auf die Knie 15 und sprach: Herr, erbarme dich über meinen Sohn, denn er ist mondsüchtig und leidet schwer. Denn oft fällt er in das Feuer und oft in das Wasser. 16 Und ich habe ihn zu deinen Jüngern gebracht, und sie konnten ihn nicht heilen. 17 Jesus aber antwortete und sprach: O ungläubiges und verkehrtes Geschlecht. Wie lange werde ich mit euch sein? Wie lange werde ich euch ertragen? Bringt ihn mir hierher! 18 Und Jesus herrschte ihn an, und der Dämon fuhr von ihm aus. Und der Knabe war von jener Stunde an geheilt.

19 Da traten die Jünger für sich an Jesus heran und sprachen: Warum konnten wir ihn nicht austreiben? 20 Er aber sagt ihnen: Wegen eures Kleinglaubens. Denn, Amen, ich sage euch: Wenn ihr Glauben habt wie ein Senfkorn, werdet ihr zu diesem Berg sagen: Hebe dich von hier nach dort! Und er wird sich heben. Und nichts wird euch unmöglich sein.

Grundmeditation

Ich schaue einen Menschen, dem ich nicht helfen konnte, obwohl er auf meine Hilfe hoffte ...

Textmeditation

- Du hast Gott um Gottes willen verlassen ...
  (Abstieg vom Berg: von der innigsten Gottesbegegnung zum Dienst an den Menschen ...)
- Du leidest unter unserem Versagen ...
  (,,Wie lange werde ich euch ertragen?") Wir sehen oft nur unsere Schwachheit und die Not des Mitmenschen, nicht aber den Schmerz, den *Dir* unser Versagen bereitet ...

– Du heilst, was in unserer Hand verdorben ist ...
  („Bringt ihn mir!" ...)
– Du öffnest das Geheimnis Deiner Vollmacht: Deinen Glauben ...
  („nichts wird euch unmöglich sein ...")

Tiefenmeditation

Glauben (wie Du ihn hier Deinen Jüngern vorlebst und von ihnen erwartest) ist wie ... *(Metaphermeditation)*
Ich lasse das Bild in mich einsinken ...

Gebet (Fürbittmeditation)

– Hilf uns, die Einheit zwischen Gebet und Dienst des Allta-
  ges immer tiefer zu finden ...
– Wirke in uns den Glauben, der Dich nicht enttäuscht ...
– Schenke uns Gelassenheit, wenn die Dunkelheiten ihre ge-
  ballte Macht entfalten ...
– Herr, wir glauben, hilf unserem Unglauben – bringe zurecht, was in unserer Hand verdorben ist ...
– Gib uns Glauben wie ein Senfkorn, damit uns nichts unmöglich ist ...

Unnützes Ärgernis vermeiden

22 Als sie sich aber in Galiläa versammelten, sprach Jesus zu ihnen: Der Menschensohn wird ausgeliefert werden in die Hände der Menschen. 23 Und sie werden ihn töten, und am dritten Tag wird er auferweckt werden. Und sie wurden sehr traurig.

24 Als sie aber nach Kafarnaum kamen, traten die Einnehmer der Doppeldrachme an Petrus heran und sprachen: Entrichtet euer Lehrer die Doppeldrachme nicht? 25 Er sagt: Doch. Und als er in das Haus kam, kam ihm Jesus zuvor und sagte: Was meinst du, Simon? Von wem nehmen die Könige der Erde Zoll und Steuer? Von ihren Söhnen oder von den Fremden? 26 Wie er aber sprach: Von den Fremden, sagte Jesus zu ihm: Also sind die Söhne frei. 27 Damit wir ihnen aber kein Ärgernis geben, geh an das Meer, wirf die Angel und den ersten Fisch, der aufsteigt, nimm! Und wenn du seinen Mund öffnest, wirst du einen Stater finden. Den nimm, gib (ihn) ihnen für mich und dich!

Grundmeditation

Mein Geld ist für mich wie ... *(Metaphermeditation)*

Textmeditation

– Du lebtest die letzte Zeit Deines Lebens im Wissen um den nahenden Tod ...
– Von daher erhält jedes Ereignis seine Tiefe, wird zum Anlaß, die Grundmotive Deines Handelns aufleuchten zu lassen ...
– Auf dem Hintergrund des sich auftürmenden Hasses gegen Dich steht Deine Haltung: Du willst kein unnützes Ärgernis geben ...
– Du verzichtest auf das, worauf Du ein Anrecht hättest ...
– Das „Wunder" ist ein sichtbares Zeichen des Vaters: „Dies ist mein lieber Sohn" ...

Tiefenmeditation

Ich schaue auf Deine Liebe, Herr, die angesichts des Hasses immer tiefer wird ...

Bußmeditation

– Welchen Raum gewähre ich in meinem Leben der Möglichkeit, durch das Schauen auf den Tod mein Leben zu intensivieren? ...
– Wie reagiere ich, wenn andere mich böswillig angreifen? ...
– Welchen Raum nimmt bei mir der Wunsch ein, anderen kein unnützes Ärgernis zu geben? ...
– Wie weit bin ich bereit, auf mein Recht zu verzichten? ...
– Wo habe ich schon nach dem Wort Jesu gehandelt: „Machet euch Freunde mit dem ungerechten Mammon"? ...

Vorbild Kind

1 In jener Stunde traten die Jünger an Jesus heran und sprachen: Wer also ist der Größte in der Herrschaft der Himmel? 2 Und er rief ein Kind herbei, stellte es in ihre Mitte 3 und sprach: Amen, ich sage euch: Wenn ihr euch nicht wendet und werdet wie die Kinder, werdet ihr nicht hineinkommen in die Herrschaft der Himmel. 4 Wer darum sich selbst erniedrigt wie dieses Kind, dieser ist der Größte in der Herrschaft der Himmel. 5 Und wer ein solches Kind in meinem Namen aufnimmt, nimmt mich auf.

6 Wer aber einem von diesen Kleinen, die an mich glauben, Ärgernis gibt, dem wäre besser, wenn ihm ein Eselsmühlstein um den Hals gehängt und er in der Tiefe des Meeres ertränkt würde. 7 Wehe der Welt wegen der Ärgernisse! Denn Ärgernisse müssen kommen. Doch wehe dem Menschen, durch den das Ärgernis kommt!

8 Wenn aber deine Hand oder dein Fuß dich ärgert, so hau sie ab und wirf sie von dir. Es ist besser für dich, verkrüppelt oder lahm in das Leben einzugehen, als mit zwei Händen oder zwei Füßen in das ewige Feuer geworfen zu werden. 9 Und wenn dein Auge dich ärgert, so reiß es aus und wirf es von dir. Es ist besser für dich, einäugig in das Leben einzugehen, als mit zwei Augen in die Feuergehenna geworfen zu werden.

10 Sehet zu, daß ihr keines von diesen Kleinen verachtet. Denn ich sage euch: Ihre Engel in den Himmeln schauen allezeit das Angesicht meines Vaters in den Himmeln.

12 Was meint ihr? Wenn irgendein Mensch hundert Schafe hat und eines von ihnen verirrt sich, läßt er nicht die neunundneunzig auf den Bergen und geht hin, um das verirrte zu suchen? 13 Und wenn er es findet, Amen, ich sage euch, er freut sich darüber mehr als über die neunundneunzig, die sich nicht verirrten. 14 So ist es nicht der Wille vor eurem Vater in dem Himmeln, daß eines von diesen Kleinen verlorengeht.

Grundmeditation

„Kind" *(Symbolmeditation)*

Textmeditation

Der Wunsch, „groß" im Reich Gottes zu werden, ist nicht falsch – aber die Wege, die Du zu diesem Ziele aufzeigst, unterscheiden sich grundlegend von allen Wegen, die zu menschlicher „Größe" führen:
– Schau das Kind an – bis sich dir etwas vom Geheimnis des Kindseins erschließt ...
– Werde wie ein Kind – in diesem Tun wirst du etwas vom Himmelreich erleben ...
– Behüte das „Kind in dir" – gib ihm Raum zum Leben ...
– Sei wachsam, wo „Kleines" in Gefahr ist, verführt zu werden ...
– Geh dem Schwachen nach, bis du es gefunden hast ...

Christusmeditation

– Du hast die Kinder in Liebe beobachtet ...
– Du bist selbst zum Kind geworden – hast Gott „Vater" genannt ...
– Du hast die Kinder zu Dir kommen lassen ...
– Du hast Dich zu den Schwachen gestellt bis zur Hingabe Deines Lebens ...
– Dein Leben bestand darin, das Verlorene zu suchen ...

Bußmeditation

– Was würde sich an meinem Leben ändern, wenn ich mir „das Kind" als Maßstab – als Vorbild nähme? ...

Tiefenmeditation

„Wer ein Kind aufnimmt, der nimmt mich auf" ...

Lösung der Sünde

15 Wenn aber dein Bruder sündigt, so gehe, weise ihn zurecht, allein, unter vier Augen. Wenn er dich hört, hast du deinen Bruder gewonnen. 16 Wenn er aber nicht hört, so nimm noch einen oder zwei zu dir, damit jede Sache beruhe auf zweier oder dreier Zeugen Mund. 17 Wenn er aber sie nicht anhört, so sage es der Kirche. Wenn er aber auch die Kirche nicht anhört, so sei er dir wie der Heide und der Zöllner.

18 Amen, ich sage euch: Was ihr auf Erden binden werdet, soll im Himmel gebunden sein, und was ihr auf Erden lösen werdet, soll im Himmel gelöst sein.

19 Weiter sage ich euch: Wenn zwei von euch auf Erden betend übereinstimmen in jedwedem Vorhaben, wird es ihnen widerfahren von meinem Vater in den Himmeln. 20 Denn wo zwei oder drei versammelt sind in meinem Namen, dort bin ich in ihrer Mitte. 21 Da trat Petrus heran und sprach zu ihm: Herr, wie oft soll ich, wenn mein Bruder gegen mich sündigt, ihm vergeben? Bis siebenmal? 22 Jesus sagt ihm: Nicht, sage ich dir, bis siebenmal, sondern bis siebzigmal siebenmal.

Grundmeditation

Sünde ist wie ... *(Metaphermeditation)*

Textmeditation

– Sünde bedeutet Trennung des Menschen von Gott ...
– In der Sünde des Mitmenschen liegt eine Aufgabe Gottes für mich ...
– Menschliches kleines, armes Tun kann Gott als Mittel benutzen, die Sünde eines Menschen zu lösen oder zu behalten ...

– Auf dem gemeinsamen Gebet liegt die Verheißung Christi, Heil vermitteln zu können ...
– Gemeinschaft in Deinem Namen ist Träger Deiner Gegenwart mit ihrer sündentilgenden Kraft ...

Christusmeditation

– Du bist ohne jede Sünde – ohne jede Trennung von Gott ...
Öffne mir die Augen, im Schauen auf Dich immer mehr zu sehen, was mich noch von Gott trennt ...
– Dein ganzer Weg war ein einziges Ringen um die Umkehr der Sünder ...
Laß mich über dem Ringen gegen meine eigenen Fehler nicht vergessen, daß Du mich gerufen hast, auch tapfer gegen das Böse um mich her zu kämpfen ...
– Du hast die Sünde der Sünder gelöst, indem Du ihnen Deine Gemeinschaft geschenkt hast ...
Bewahre mich davor, mich von der Sünde des anderen abzuwenden oder sie als Trittbrett für meine „Gerechtigkeit" zu benutzen, hilf mir, mich dem Menschen ganz zuzuwenden ...
– Du hast für Petrus gebetet, daß sein Glaube nicht aufhöre ...
Mach mich wach für die Frage: Wessen ewiges Heil hängt vielleicht an meinem Gebet – am Mut, mit anderen gemeinsam um etwas zu bitten? ...
– Du tratest als der Auferstandene unter die Deinen ...
Laß uns in Deiner Gegenwart leben und in der Gemeinsamkeit etwas von Deiner lebendigen Gegenwart spüren ...

Tiefenmeditation

Ich schaue und erlebe, wo ich mit anderen in Deinem Namen versammelt bin, und öffne mich der Wirklichkeit Deiner Gegenwart ...

Vergeben

23 Deshalb verhält es sich mit der Himmelsherrschaft wie mit einem Menschen, einem König, der mit seinen Sklaven Abrechnung halten wollte. 24 Als er aber begann abzurechnen, wurde ihm einer vorgeführt, ein Schuldner von zehntausend Talenten. 25 Da er aber nichts hatte, um zurückzuzahlen, befahl ihm der Herr, sowohl die Frau als auch die Kinder und alles, was er besaß, zu verkaufen und zurückzuzahlen. 26 Da fiel der Sklave also nieder, huldigte ihm und sagte: Habe Geduld mit mir, und ich werde dir alles zurückzahlen. 27 Es erbarmte sich aber der Herr jenes Sklaven und ließ ihn los. Auch das Darlehen schenkte er ihm. 28 Jener Sklave aber zog hinaus und fand einen seiner Mitsklaven, der ihm hundert Denare schuldete. Und er packte, würgte ihn und sagte: Zahle zurück, was du schuldest! 29 Da fiel sein Mitsklave also nieder, bat ihn und sagte: Habe Geduld mit mir, und ich werde dir zurückzahlen. 30 Er aber wollte nicht, sondern ging weg, warf ihn ins Gefängnis, bis er die Schuld zurückgezahlt hätte. 31 Als aber seine Mitsklaven sahen, was geschehen war, wurden sie sehr traurig und berichteten ihrem Herrn alles, was geschehen war. 32 Da rief ihn sein Herr herbei und sagte ihm: Böser Sklave, jene ganze Schuld habe ich dir geschenkt, weil du mich gebeten hattest. 33 Mußtest nicht auch du dich über deinen Mitsklaven erbarmen, wie auch ich mich über dich erbarmt habe? 34 Und sein Herr erzürnte und lieferte ihn den Folterknechten aus, bis er die ganze Schuld zurückgezahlt hätte. 35 So wird mein himmlischer Vater auch euch tun, wenn ihr nicht aus euren Herzen, jeder einzelne seinem Bruder vergebt.

Grundmeditation

Ich schaue nacheinander einige Menschen, von denen ich meine, daß sie mir Unrecht getan haben. Ich lasse meine Gefühle hervorkommen und schaue sie an ...

Textmeditation

– Du erwartest nicht von mir, daß ich Unrecht, das mir getan wird, nicht registriere ...
– Du verlangst von mir, daß ich grenzenlos vergebe ...
– Du bietest mir im Unrecht, das mir geschieht, einen Spiegel an, in dem ich meine eigene, unendlich viel tiefere Schuld vor Dir erkennen kann ...
– Du bietest mir in der Möglichkeit, einem Menschen zu vergeben, die Chance, Dir zu danken für die Vergebung, die ich empfangen habe ...
– Du warnst mich, daß ich alles aufs Spiel setze, wo ich nicht zur echten Vergebung bereit bin ...

Tiefenmeditation

Ich schaue auf eine Schuld meines Lebens – ich sehe mich mit dieser Schuld unter Deinem Kreuz stehen – mitschuldig an Deinen Schmerzen –, und ich lasse den Strom Deiner vergebenden Liebe in mich eindringen ... Ich lasse mich ganz von ihm durchströmen ... bis ich wie eine Schale ganz gefüllt bin und überfließe ... daß dieser Strom der vergebenden Liebe durch mich weiterfließt zu den Menschen um mich her ...

Geheimnis von Ehe und Ehelosigkeit

1 Und es geschah, als Jesus diese Worte vollendet hatte, brach er von Galiläa auf und kam in das Gebiet von Judäa jenseits des Jordan. 2 Und große Volksscharen folgten ihm nach, und er heilte sie dort.

3 Und Pharisäer traten an ihn heran, um ihn zu versuchen, und sagten, ob es dem Menschen erlaubt sei, seine Frau aus jedem Grund zu entlassen. 4 Er aber antwortete und sprach: Habt ihr nicht gelesen, daß der Schöpfer sie am Anfang als Mann und Frau erschuf? 5 Und er sprach: Deshalb wird der Mensch den Vater und die Mutter verlassen und sich seiner Frau verbinden, und die Zwei werden ein Fleisch sein, 6 so daß sie nicht mehr zwei, sondern ein Fleisch sind. Was also Gott zusammengefügt hat, darf der Mensch nicht trennen. 7 Sie sagen ihm: Was also gebot Mose, eine Scheidungsurkunde zu geben und sie zu entlassen? 8 Er sagt ihnen: Mose hat euch hinsichtlich eures verhärteten Herzens erlaubt, eure Frauen zu entlassen. Von Anfang aber war es nicht so. 9 Ich aber sage euch: Jeder, der seine Frau entläßt, außer bei Unzucht, und eine andere heiratet, bricht die Ehe.

10 Die Jünger sagen ihm: Wenn die Sache des Menschen mit der Frau so steht, ist es nicht gut zu heiraten. 11 Er aber sprach zu ihnen: Nicht alle fassen das Wort, sondern denen es gegeben ist. 12 Denn es gibt etliche Eunuchen, die aus dem Mutterleib so geboren sind: und es gibt etliche Eunuchen, die von Menschen zu Eunuchen gemacht wurden; und es gibt etliche Eunuchen, die sich um der Himmelsherrschaft willen zu Eunuchen gemacht haben. Wer es fassen kann, fasse es.

Vorausbesinnung (V. 1–2)

Ortsveränderung, Situationsveränderung hat für Jesus den
Sinn, neuen Menschen in neuen Situationen zu begegnen, um
ihnen das Heil zu bringen ...
Ich meditiere Situationsveränderungen in meinem Leben ...

Textmeditation (V. 3–12) (vgl. 5, 27–32)

– Ehe – Symbol unseres Gottesverhältnisses ...
– Ehebruch – Symbol unserer Abgötterei ...
– Ehescheidung – Symbol unseres Abfalls von Gott ...
– Ehelosigkeit – Symbol der ungeteilten Hingabe an Gott ...

Tiefenmeditation

Ich lasse mich hinein in die Dunkelheit einer Liebe zu Dir,
welche alle Symbole dieser Liebe, alles Greifbare und Spürbare,
hinter sich läßt, um sich der Wirklichkeit unvermittelt zu nahen ...

Du mein Vater – ich Dein Kind

13 Da wurden Kinder zu ihm gebracht, daß er ihnen die Hände auflege und bete. Die Jünger aber fuhren sie an. 14 Jesus aber sprach:
Laßt die Kinder und hindert sie nicht, zu mir zu kommen, denn
solchen gehört die Herrschaft der Himmel. 15 Und er legte ihnen
die Hände auf und ging von dort weg.

Grundmeditation

Ich lasse ein Bild aus meiner Kindheit aufsteigen (ein positives!) und verweile dabei ...

Textmeditation

– Vor Dir, Herr, darf ich Kind sein und bleiben:
  Ich fühle Deinen Blick, mit dem Du die Kinder angeschaut hast, auf mir ruhen ...
– Vor Dir, Herr, darf ich Kind sein und bleiben:
  Ich bin geborgen bei Dir vor allen, die mich von Dir weisen wollen, auch vor den Stimmen in mir selbst, die mir einreden wollen, ich sei nicht würdig zum Beten ...
– Vor Dir, Herr, darf ich Kind sein und bleiben:
  Du ziehst mich an Dein Herz und legst Deine Hand auf mich ...

Tiefenmeditation

Gott – Du mein Vater – ich Dein Kind ...

Nachfolgemeditation

– Es gibt nichts im Leben, was zu klein, zu gering ist, um es zu Dir zu bringen ...
– Ich werde mir bewußt im Zusammensein mit Kindern, daß sie dem Reich Gottes näher sind als ich ...

Alles oder Nichts

16 Und siehe, einer trat an ihn heran und sprach: Lehrer, was soll ich Gutes tun, damit ich ewiges Leben habe? 17 Er aber sprach zu ihm: Was fragst du mich über das Gute? Einer ist der Gute. Wenn du zum Leben eingehen willst, halte die Gebote. 18 Er sagt ihm: Welche? Jesus aber sprach: Das Du sollst nicht töten, du sollst nicht ehebrechen, du sollst nicht stehlen, du sollst kein falsches Zeugnis geben, 19 ehre den Vater und die Mutter, und: Du sollst deinen Nächsten lieben wie dich selbst! 20 Der Jüngling sagt ihm: Alles dies habe ich beobachtet. Was fehlt mir noch? 21 Jesus sagte ihm: Wenn du vollkommen sein willst, geh, verkaufe deinen Besitz und gib es den Armen, und du wirst einen Schatz in den Himmeln haben. Und komm, folge mir nach! 22 Als aber der Jüngling dieses Wort hörte, ging er traurig fort, denn er hatte viele Güter. 23 Jesus aber sprach zu seinen Jüngern: Amen, ich sage euch: Ein Reicher wird schwer in die Herrschaft der Himmel hineinkommen. 24 Weiter aber sage ich euch: Leichter ist es, daß ein Kamel durch ein Nadelöhr hindurchgeht, als daß ein Reicher in das Reich Gottes hineinkommt. 25 Als aber die Jünger das hörten, gerieten sie ganz außer sich und sagten: Wer kann denn dann gerettet werden? 26 Jesus aber blickte sie an und sprach zu ihnen: Bei den Menschen ist dies unmöglich, bei Gott aber ist alles möglich.

Grundmeditation

Entscheidungen, in denen es um Leben und Tod geht ...

Textmeditation

– Der Mensch kann sich intensiv um die Erfüllung des Willens Gottes bemühen, er kann dabei erleben, daß ihm vieles gelingt – und dennoch wächst die innere Unruhe: Das alles reicht nicht, das Entscheidende fehlt mir noch! ...
  Kenne ich etwas von dieser inneren Unruhe? ...

– Wer sich aufgemacht hat, um das Höchste zu suchen bei
  Dir, gelangt einmal an einen Punkt, wo er nicht weiter-
  kommt, ohne zuerst das zurückzulassen, was ihm bisher das
  Liebste war ...
  Welches ist das Zentrum, um das mein Leben kreist? ...
– Auf dem Weg zu Dir, Herr, gibt es Weichen, wo es um Le-
  ben oder Tod, um alles oder nichts geht ...
  Bin ich bereit, den Reichtum meines Lebens wegzugeben
  und Dir nachzufolgen? ...
  (Vgl. 13,44–46)

Nachfolgemeditation

– Gib uns eine brennende, nicht zu stillende Sehnsucht nach
  dem wahren Leben ...
– Laß uns alles tun, was in unseren Kräften steht, dieses Leben
  zu finden ...
– Laß uns als Zeichen Deiner Liebe erkennen, wenn Du uns
  aufdeckst, was uns noch fehlt ...
– Laß uns erfahren, daß alles Gute in dieser Welt nur Symbol
  Deines vollkommenen Gutes ist ...
– Mach uns bereit, alles wegzugeben, um in Dir alles in tiefe-
  rer Fülle wiederzufinden ...
  (Das kann auch in der Ich-Form gebetet werden)

Tiefenmeditation

Was bei mir unmöglich ist, das ist bei Dir möglich ...
Du allein bist das Zentrum meines Lebens ...

Unser Lohn

27 Da antwortete Petrus und sprach zu ihm: Siehe, wir haben alles verlassen und sind dir nachgefolgt. Was wird uns also zuteil? 28 Jesus aber sprach zu ihnen: Amen, ich sage euch: Ihr, die ihr mir nachgefolgt seid, werdet bei der Wiedergeburt, wenn der Menschensohn auf dem Thron seiner Herrlichkeit sitzen wird, auch auf zwölf Thronen sitzen und die zwölf Stämme Israels richten. 29 Und jeder, der Häuser oder Brüder oder Schwestern oder Vater oder Mutter oder Kinder oder Äcker um meines Namens willen verläßt, wird Hundertfaches empfangen und ewiges Leben erben. 30 Viele Erste aber werden Letzte sein, und Letzte Erste.

Grundmeditation

„Lohn" *(Symbolmeditation)*

Textmeditation

– Es gibt Situationen im Leben, wo man vor Dir aussprechen darf, was man für Dich getan oder verlassen hat ...
– Echter Anteil am Kreuz (Nachfolge) schenkt echten Anteil an Deiner Herrlichkeit ...
– Wer Dir nachfolgt, bekommt schon hier einen klaren Blick und ein gesundes Urteil – (erkennbar oft an ganz einfachen Menschen) – ein Angeld des „Mitrichtens" ...
– Wer um Deinetwillen etwas verläßt, bekommt oft schon hier eine ungeahnte Fülle geschenkt – zeichenhafter Hinweis auf die letzte Erfüllung ...
– Wer diese Deine Gabe als einen „Besitz" festhalten wollte, setzte damit wieder alles aufs Spiel ...
– Je Größeres Du schenkst, desto tiefere Möglichkeiten bietest Du damit an, auch dieses wieder um Deinetwillen zu lassen ...

Tiefenmeditation

Ich lasse alles los – um in Dir *alles wiederzufinden* ...

Unverdient

1 Denn mit der Himmelsherrschaft verhält es sich wie mit einem Menschen, einem Hausherrn, der gleich am Morgen ausging, um Arbeiter in seinen Weinberg zu mieten. 2 Da er aber mit den Arbeitern um einen Denar für den Tag übereinkam, schickte er sie in seinen Weinberg. 3 Und er ging um die dritte Stunde aus und sah andere auf dem Markt untätig stehen. 4 Und jenen sagte er: Gehet auch ihr in den Weinberg! Und was recht ist, werde ich euch geben. 5 Sie aber gingen hin. Wieder um die sechste und neunte Stunde ging er aus und tat ebenso. 6 Als er aber um die elfte ausging, fand er andere herumstehen und sagt ihnen: Was habt ihr hier den ganzen Tag untätig herumgestanden? 7 Sie sagen ihm: Weil keiner uns gemietet hat. Er sagt ihnen: Gehet auch ihr in den Weinberg! 8 Als es Abend wurde, sagt der Herr des Weinbergs seinem Verwalter: Rufe die Arbeiter und zahle ihnen den Lohn aus, angefangen von den letzten bis zu den ersten. 9 Und als die von der elften Stunde kamen, erhielten sie je einen Denar. 10 Und als die ersten kamen, meinten sie, daß sie mehr erhalten würden. Und auch sie erhielten je einen Denar. 11 Als sie ihn aber erhielten, murrten sie gegen den Hausherrn 12 und sagten: Diese letzten haben eine Stunde gearbeitet, und du hast sie uns gleichgestellt, die des Tages Last und die Hitze getragen haben. 13 Er aber antwortete und sprach zu einem von ihnen: Freund, ich tue dir nicht unrecht. Bist du nicht um einen Denar mit mir übereingekommen? 14 Nimm den deinen und gehe! Ich will aber diesem letzten geben gleich dir. 15 Oder ist es mir nicht erlaubt, mit dem, was mir gehört, zu tun, was ich will? Oder ist dein Auge böse, weil ich gut bin? 16 So werden die Letzten Erste und die Ersten Letzte sein.

Textmeditation

– Ich versuche, was dieses Gleichnis sagt, möglichst lebendig
  und anschaulich vor mir zu sehen und mitzuerleben ...
– Ich selbst komme ins Spiel – wo erlebe ich mich selbst in die-
  sem Geschehen? ...
– Ich komme ins Gespräch mit dem Herrn des Weinberges ...
– Ich schaue einige Menschen meines Lebensraumes an – wo
  stehen sie in diesem Geschehen? ...
– Ich lasse aus diesem Erleben heraus die Fürbitte wachsen ...

Anbetungsmeditation

– Du bist der Herr über die Zeit –
  für den, der zu Dir gerufen wird, gibt es kein Zu-spät-kom-
  men! ...
– Du bist der Herr über den Lohn –
  jeder Dienst für Dich ist schon Geschenk und schließt eine
  Fülle ein, die quantitativ nicht mehr überboten werden
  kann ...

Tiefenmeditation

unverdient – alles –

Größe des Dienens

17 Und als Jesus nach Jerusalem hinaufzog, nahm er die zwölf Jünger beiseite, und auf dem Weg sprach er zu ihnen: 18 Siehe, wir ziehen hinauf nach Jerusalem, und der Menschensohn wird den Hohenpriestern und Schriftgelehrten ausgeliefert werden. Und sie werden ihn zum Tod verurteilen 19 und ihn den Heiden ausliefern zu verspotten und auszupeitschen und zu kreuzigen. Und am dritten Tag wird er auferweckt werden.

20 Da trat die Mutter der Söhne des Zebedäus mit ihren Söhnen an ihn heran, fiel nieder und bat etwas von ihm. 21 Er aber sprach zu ihr: Was willst du? Sie sagt ihm: Sprich, daß diese meine zwei Söhne, einer zu deiner Rechten und einer zu deiner Linken, sitzen werden in deinem Reich. 22 Jesus aber antwortete und sprach: Ihr wißt nicht, was ihr bittet. Könnt ihr den Becher (Kelch) trinken, den ich trinken werde? Sie sagen ihm: Wir können es. 23 Er sagt ihnen: Meinen Becher (Kelch) werdet ihr zwar trinken, doch das Sitzen zu meiner Rechten und Linken, dies zu gewähren ist nicht meine Sache, sondern für die es von meinem Vater bereitet worden ist.

24 Und als die Zehn das hörten, erregten sie sich über die zwei Brüder. 25 Jesus aber rief sie heran und sprach zu ihnen: Ihr wißt, daß die Herrscher der Völker sie unterdrücken und die Großen Gewalt gegen sie gebrauchen. 26 Nicht soll es unter euch so sein. Sondern wer unter euch groß sein will, werde euer Diener, 27 und wer unter euch Erster sein will, werde euer Sklave, 28 wie der Menschensohn nicht gekommen ist, um bedient zu werden, sondern um zu dienen und sein Leben zu geben als Lösepreis für viele.

Textmeditation (V. 17–23)

- Herr, Du siehst das Kreuz vor Dir, das auf Dich wartet, und
  Du gehst darauf zu ...
  Ich schaue Dich an und schaue auf mich ...
- Herr, Du erkennst die Last, die den Deinen aus Deinem
  Kreuz erwächst und bereitest sie darauf vor ...
  Ich schaue Dich an und schaue auf mich ...
- Die Zebedäus-Söhne wünschen sich – nachdem sie hier alles
  verlassen haben – in Deine besondere Nähe zu kommen ...
  Ich schaue den Wunsch der Bittenden an und schaue auf
  mich: Was wünsche ich mir von Dir? ...
- Du zeigst, Herr, daß die Bitte um Deine Nähe die Bereit-
  schaft fordert, Deinen Kelch zu trinken ...
  Ich schaue die Brüder an und schaue auf mich ...
- Du zeigst, Herr, daß nicht einmal das Leiden für Dich ein
  Anrecht auf besondere Belohnung schenkt ...
  Ich schaue die souveräne Freiheit des Vaters – auch über
  meinem Leben ...

Christusmeditation (V. 24–28)

Du hast nicht gedient, um groß zu werden, sondern gerade im
Dienen, das auf jede Größe verzichtet, liegt Deine Größe ...

Tiefenmeditation

Ich lasse alles los ... jeden Wunsch nach Größe ... jedes Festhalten irgendeiner Größe ... werde ganz klein ... ganz bereit,
jedem zu dienen ...

Heile meine Blindheit

29 Und als sie von Jericho auszogen, folgte ihm eine große Volksmenge nach. 30 Und siehe, zwei Blinde, die am Weg saßen, hörten, daß Jesus vorübergeht. Sie schrien und sagten: Erbarme dich unser, Herr, Sohn Davids! 31 Die Volksmenge aber fuhr sie an, daß sie schweigen sollten. Sie aber schrien lauter und sagten: Erbarme dich unser, Herr, Sohn Davids! 32 Und Jesus blieb stehen, rief sie und sprach: Was wollt ihr, daß ich es euch tue? 33 Sie sagten ihm: Herr, daß unsere Augen sich öffnen. 34 Voll Erbarmen berührte Jesus ihre Augen, und sofort sahen sie wieder und folgten ihm nach.

Grundmeditation

„blind sein" – wie ist das übertragbar auf andere Ebenen? ...
wo bin ich „blind"? ...
was bedeutet „blind sein"? ... *(Symbolmeditation)*

Textmeditation

– Wer blind ist, ist auf die Hilfe anderer angewiesen ...
– Wer unter seiner Behinderung leidet, wartet auf den, der helfen kann ...
– Wer dringend auf Hilfe hofft, läßt sich nicht durch andere abbringen ...
– Wer alle Hilfe von Dir erwartet, den rufst Du zu Dir ...
– Wer zu Dir kommt, den fragst Du, was er von Dir erwartet ...
– Wer vertrauend glaubt, dem hilfst Du ...
– Wer Deine Hilfe erfahren hat, ist gerufen zur Nachfolge ...

Tiefenmeditation

Ich nehme die Dunkelheiten meines Lebens ganz an ... spüre sie als den Ort, aus dem Dein Licht aufs Aufleuchten wartet ...

Fürbittmeditation

Du bist gekommen, damit die, welche nicht sehen, sehend werden (Joh 9,39) – ich bitte Dich für alle Menschen, die Dich suchen und darunter leiden, daß sie Dich nicht erkennen ...

Wahre Königsherrschaft

1 Und als sie sich Jerusalem näherten und nach Betfage und zum Ölberg kamen, da sandte Jesus zwei seiner Jünger aus 2 und sagte ihnen: Gehet in das Dorf vor euch, und sogleich werdet ihr eine Eselin finden, angebunden und ein Füllen bei ihr. Bindet sie los und führt sie zu mir. 3 Und wenn euch jemand etwas sagt, sollt ihr sprechen: Der Herr bedarf ihrer. Sofort wird er sie schicken.

4 Dies aber ist geschehen, damit erfüllt werde, was gesagt ist vom Propheten, der spricht: 5 Sagt der Tochter Sion: Siehe, dein König kommt zu dir, mild und reitend auf einer Eselin und auf einem Füllen, dem Jungen eines Lasttieres.

6 Die Jünger aber gingen und taten, wie Jesus es ihnen aufgetragen hatte. 7 Sie brachten die Eselin und das Füllen, und sie legten Kleider auf sie. Und er setzte sich auf sie. 8 Die überaus große Volksschar breitete ihre Kleider auf den Weg, andere aber hieben Zweige von den Bäumen und streuten sie auf den Weg. 9 Die Volksscharen aber, die ihm vorausgingen und nachfolgten, riefen und sagten: Hosanna dem Sohn Davids! Gepriesen, der kommt im Namen des Herrn! Hosanna in den Höhen!

10 Und als er in Jerusalem einzog, erbebte die ganze Stadt und sagte: Wer ist dieser? 11 Die Volksscharen aber sagten: Dieser ist der Prophet Jesus aus Nazaret in Galiläa!

Grundmeditation

„Reiten auf einem Esel" (ich stelle mir vor, wie ich etwa auf einem Reitweg auf einem Esel reite – meine Gefühle – die Reaktion der Menschen, die mich sehen ...)

Textmeditation

Je mehr der Weg zum Kreuzweg wird, desto mehr kommen äußeres und inneres Geschehen zur Übereinstimmung, desto durchsichtiger, symbolkräftiger werden die einzelnen Ereignisse ...

- Der Weg nach Jerusalem geht aus vom Ölberg – der Ölberg als Beginn des Kreuzweges, als Ort der Todesangst, als letzte Station der Erscheinungen des Auferstandenen wird zum Symbol ...
- Die Eselin steht bereit – auf dem Weg zum Kreuz gibt es nichts „Zufälliges" mehr. Je mehr der Weg zum Kreuzweg wird, je mehr die Sinnlosigkeit überhand zu nehmen scheint, desto sinnvoller ist auch das Kleinste eingeplant ...
- Die Proklamation des Königtums Christi geschieht in Zeichen, die man als Karikatur empfindet: Einzug in die Königsstadt auf einem jungen Esel, Kleider statt Teppiche, Zweige statt Blumen! Der Kreuzweg ist der Weg zur Königsherrschaft Gottes, gerade in seiner Karikierung eines menschlichen Aufstieges zum Königtum ...
- Das Volk stimmt den himmlischen Lobgesang an – vielleicht ein Abglanz dessen, was „im Himmel" geschieht. Über jedem Christen, der den Kreuzweg betritt, wird dieser Lobgesang angestimmt – dringen einige Töne davon auch immer wieder in unsere Ohren und Herzen? ...

Tiefenmeditation

Dein Reich ist nicht von dieser Welt ...

Lebensmeditation

Wie erwarte ich Dich jeden Tag:
- reitend auf einem königlichen Roß ...
- oder reitend auf einem Esel? ...

Wie folge ich Dir nach, jeden Tag:
- reitend auf einem königlichen Roß? ...
- oder reitend auf einem Esel? ...

Gott unter uns

12 Und Jesus trat in den Tempel Gottes ein. Und er trieb alle Verkäufer und Käufer im Tempel hinaus, und die Tische der Geldwechsler stieß er um und die Stühle der Taubenverkäufer. 13 Und er sagt ihnen: Es ist geschrieben: Mein Haus wird Haus des Gebetes heißen, ihr aber macht es zu einer Räuberhöhle. 14 Und Blinde und Lahme im Tempel traten an ihn heran, und er heilte sie. 15 Als aber die Hohenpriester und Schriftgelehrten die Wunder sahen, die er tat, und die Knaben im Tempel schreien und sagen: Hosanna dem Sohn Davids, erregten sie sich 16 und sprachen zu ihm: Hörst du, was diese sagen? Jesus aber sagt ihnen: Ja. Habt ihr niemals gelesen: Aus dem Mund von Unmündigen und Säuglingen hast du Lob bereitet? 17 Und er verließ sie und ging hinaus aus der Stadt nach Betanien. Und er übernachtete dort.

Grundmeditation

„Tempel" *(Symbolmeditation)*
Gott unter uns! ... Gott in mir! ...

Textmeditation

– Ich schaue auf Dein Leben, Herr, was Dir der Tempel von Kindheit an bedeutet hat ...
– Ich spüre Deine Liebe zu diesem Haus – heilige Liebe verbrennt, was dem innersten Wesen des Geliebten entgegensteht ...
– Ich ahne, wie sich im Anblick der Opfertiere in Dir alles aufbäumt gegen diese Pervertierung des göttlichen Willens: Man opfert den anderen, um sich selbst freizukaufen – Du aber opferst Dich selbst, um die anderen loszukaufen! ...

184

– Ort der Gegenwart Gottes auf dieser Erde ist Ort des Heils. Das Heil, das Deine Gegenwart schafft, wird spürbar dem, der keine Schranken aufrichtet: den „Kindern" ...
– Wer immer Dein Handeln – damals wie heute – an festgesetzten menschlichen Normen prüft, wird stets Ärgernis nehmen an Dir ...

Tiefenmeditation

Ich – Tempel des Heiligen Geistes ...

Fürbittmeditation

Für Menschen, die Du berufen hast, Tempel des Heiligen Geistes zu sein (Namen einsetzen ...)
– Wecke in ihnen die Liebe zur Kirche – und laß sie ihr Kirche-sein erkennen und leben ...
– Durchglühe sie mit Deiner Liebe, die alles verbrennt, was Deinem Wesen zuwider ist ...
– Bewahre sie davor, andere für sich zu opfern, und mache ihr Leben zu einem lebendigen Opfer ...
– Laß sie werden wie Kinder, und hilf, daß sie ein Stück heile Welt um sich schaffen ...
– Hilf ihnen, nicht Dich nach ihren Maßstäben zu messen, sondern sich ihre Maßstäbe von Dir geben zu lassen ...

Du hungerst nach der Frucht
meines Glaubens

18 Als er aber am Morgen in die Stadt zurückkehrte, hungerte ihn.
19 Und wie er einen Feigenbaum am Weg sah, trat er an ihn heran.
Und er fand nichts an ihm als allein Blätter. Und er sagt ihm: In
Ewigkeit soll aus dir keine Frucht mehr kommen! Und sogleich
verdorrte der Feigenbaum. 20 Und da es die Jünger sahen, erstaun-
ten sie und sagten: Wie ist der Feigenbaum sogleich verdorrt? 21
Jesus aber antwortete und sprach zu ihnen: Amen, ich sage euch:
Wenn ihr Glauben habt und nicht zweifelt, werdet ihr nicht nur
das mit dem Feigenbaum tun, sondern auch, so ihr zu diesem Berg
sprecht: Hebe und stürze dich ins Meer, – wird es geschehen. 22
Und alles, um was ihr im Gebet glaubend bittet, werdet ihr empfangen.

Symbolmeditation 1

„Der Feigenbaum"
(Symbol des Menschen, von dem Gott Frucht erwartet ...)

Möglichkeiten der Symbolmeditation:
– Ich bin dieser Baum ...
– Gepflanzt an meinen Ort (mein Lebensraum) ...
– Genährt mit den Kräften des Erdreiches, in dem ich
  wurzle ...
– Gepflanzt, um Frucht zu tragen ...
– Wie oft ohne Frucht ...

Symbolmeditation 2

„Glaube, welcher Berge versetzt"
(Glaube als der Saft des Baumes, der das Wachsen der Frucht
ermöglicht)

Möglichkeiten der *Textmeditation*

- Ich schaue Dich an, Herr, wie Dein Tun vom Glauben getragen war ...
- Ich schaue die Menschen, deren Glauben Du gepriesen hast ...
- Ich fühle Deinen Blick auf mir ruhen – suchend nach meinem Glauben:

  Deine Bitte: „Alles ist möglich dem, der da glaubt" ...

  Dein Tadel: „ Du Kleingläubiger, warum zweifelst du?" ...

  Deine Sorge: Du konntest in Kafarnaum nicht eine Tat tun um des Unglaubens der Menschen willen ...
- Ich schaue die Menschen, die Du mir zur Fürbitte anvertraut hast:

  Welche „Berge" hindern ihren Weg? ...

  Wie sieht es mit ihrem Glauben aus? ...

  Wie sieht es mit meinem Glauben aus? ...

Tiefenmeditation

Du, Herr, hungerst nach meiner Frucht ...

Vollmacht

23 Und als er in den Tempel kam, traten, wie er lehrte, die Hohenpriester und Ältesten des Volkes an ihn heran und sagten: In welcher Vollmacht tust du dieses? Und wer hat dir diese Vollmacht gegeben? 24 Jesus aber antwortete und sprach zu ihnen: Auch ich werde euch eine Sache fragen. Wenn ihr mir es sagt, werde ich euch sagen, in welcher Vollmacht ich dieses tue. 25 Woher war die Taufe des Johannes? Vom Himmel oder von Menschen? Sie aber überlegten bei sich und sagten: Wenn wir sagen: Vom Himmel, wird er sagen: Weshalb habt ihr ihm dann nicht geglaubt? 26 Wenn wir aber sagen: Vom Menschen, fürchten wir das Volk. Denn alle halten den Johannes für einen Propheten. 27 Und sie antworteten Jesus und sprachen: Wir wissen es nicht. Es sprach zu ihnen auch er: Ich sage euch dann nicht, in welcher Vollmacht ich dieses tue.

Grundmeditation

„Vollmacht" *(Symbolmeditation)*

Textmeditation

– Du, Herr, bist der Bevollmächtigte des verborgenen, lebendigen Gottes ...
  Wo habe ich schon etwas von dieser Vollmacht gespürt? ...
– Du gibst diese Vollmacht weiter an die Deinen ...
  Habe ich etwas von dieser Vollmacht schon bei den Deinen erlebt? ...
  Weiß ich mich selbst als Träger solcher Vollmacht? ...
  Wo? ...
– Befragt nach Deiner Vollmacht, stellst Du selbst die Frage, wer diese Vollmachtsfrage stellen darf: ...
  Nicht der, der von äußeren Gesetzen her urteilt, sondern al-

lein der, der sich vom Anspruch dieser Vollmacht getroffen fühlt, darf fragen ...

Nicht der, der schon ein fertiges Urteil hat, sondern allein der, der bereit ist, sich dieser Vollmacht zu beugen, darf fragen ...

Nicht der, der sich von der Meinung der Menschen abhängig macht, sondern allein der, der sich von Dir die Maßstäbe setzen läßt, darf fragen ...

– Inhaber einer Vollmacht zu sein, kann auch bedeuten, dort die Auskunft zu verweigern, wo nicht das Recht zur Frage besteht ...

Spüre ich etwas von dem souveränen Schutz, der den Vollmachtsträger umgibt? ...

Lebensmeditation

Ich suche die Orte in meinem Leben, wo andere mich als Vollmachtsträger erlebt haben ...

Wortmeditation

Ich meditiere den Satz:
„Erkennen, ob ein Charisma der Vollmacht Gottes entspringt, kann nur der, der sich darauf einläßt" ...

Wer hat des Vaters Willen erfüllt?

28 Was aber meint ihr? Ein Mensch hatte zwei Söhne. Und er trat an den ersten heran und sprach: Kind, geh heute, arbeite im Weinberg! 29 Er aber antwortete und sprach: Ich will nicht. Später aber bereute er es und ging hin. 30 Er trat an den anderen heran und sprach ebenso. Er aber antwortete und sprach: Ja, Herr. Und er ging nicht hin. 31 Wer von den zweien hat den Willen des Vaters getan? Sie sagen: Der erste. Jesus sagt ihnen: Amen, ich sage euch: Die Zöllner und die Dirnen gehen vor euch in die Herrschaft Gottes. 32 Denn Johannes ist zu euch gekommen auf dem Weg der Gerechtigkeit, und ihr habt ihm nicht geglaubt. Die Zöllner und die Dirnen aber haben ihm geglaubt. Ihr aber saht es und bereutet später nicht, daß ihr ihm geglaubt hättet.

Grundmeditation

Ich meditiere das Verhältnis zwischen Wollen und Tun ...

Textmeditation

- Du gibst uns in unserem Leben klare Aufgaben, Herr ...
- Es ist unwichtig, ob wir diese Aufgaben spontan bejahen oder davor zurückweichen ...
- Allein wichtig ist, daß wir sie erfüllen ...
- Das Schauen auf Menschen, welche nach Deinem Willen leben, kann uns Hilfe sein ...
- Solange wir leben, können wir noch umkehren ...

Christusmeditation

- Ich schaue auf Dich, wie Du Deine Aufgabe im Lauschen auf den Willen des Vaters empfangen hast ...
- Ich schaue auf Dich, wie Du deinen Willen mit des Vaters Willen in Übereinstimmung gebracht hast ...
- Ich schaue auf Dich, wie Du „gewirkt hast, solange es Tag war" (Joh 9, 4) ...

Lebensmeditation

Ich höre Deinen Ruf: Folge mir nach! – Welchem Sohn gleiche ich! ...

- Ich schaue eine Aufgabe an, die ich seit langem hätte erfüllen sollen – weshalb ist es noch nicht geschehen? ...
- Ich schaue auf einen Menschen, der selbstverständlich tut, was ich immer wieder hinausschiebe ...

Die Ernte meines Lebens ist Dein

33 Ein anderes Gleichnis höret! Da war ein Mensch, ein Hausherr, der pflanzte einen Weinberg und umgab ihn mit einem Zaun und grub in ihm eine Kelter und baute einen Turm und verpachtete ihn an Winzer und reiste ab. 34 Als aber die Zeit der Früchte sich näherte, schickte er seine Knechte zu den Winzern, um seine Früchte zu empfangen. 35 Und die Winzer ergriffen seine Knechte, einen prügelten sie, einen töteten sie, einen steinigten sie. 36 Wieder schickte er andere Knechte, mehr als die ersten, und sie taten ihnen ebenso. 37 Zuletzt aber schickte er seinen Sohn zu ihnen und sagte: Meinen Sohn werden sie achten. 38 Als aber die Winzer den Sohn sahen, sprachen sie untereinander: Dieser ist der Erbe. Komm, laßt uns ihn töten und sein Erbe an uns bringen! 39 Und sie ergriffen ihn, warfen ihn aus dem Weinberg hinaus und töteten ihn. 40 Wenn also der Herr des Weinbergs kommt, was wird er jenen Winzern tun? 41 Sie sagten ihm: Die Bösen – böse wird er sie umbringen und den Weinberg an andere Winzer verpachten, die ihm die Früchte zu ihren Zeiten abliefern werden. 42 Jesus sagt ihnen: Habt ihr niemals in den Schriften gelesen: Der Stein, den die Bauleute verworfen haben, dieser wurde zum Haupteckstein. Durch den Herrn ist das geschehen, und es ist wunderbar in unseren Augen? 43 Deshalb sage ich euch: Die Herrschaft Gottes wird von euch genommen und einem Volk gegeben werden, das ihre Früchte bringt.

44 Und wer auf diesen Stein fällt, der wird zerschellen. Auf wen er aber fällt, den wird er zermalmen.

45 Und als die Hohenpriester und die Pharisäer seine Gleichnisse hörten, erkannten sie, daß er über sie redet. 46 Und sie suchten, ihn zu ergreifen; sie fürchteten die Volksscharen, da sie ihn für einen Propheten hielten.

Grundmeditation

Ich fühle mich selbst als Garten (Weinberg) Gottes ... ich lasse
Bilder aufsteigen und schaue sie an ...

Textmeditation

– Herr, Du hast Deinen Weinberg sorgfältig angelegt ...
  ich meditiere mein Leben ...
– Dein Werk ist es, wenn in diesem Weinberg Frucht
  wächst ...
  ich meditiere mein Leben ...
– Die Frucht gehört Dir – zur Zeit der Ernte forderst Du sie
  ein ...
  ich meditiere mein Leben ...
– Wo Du die Ernte einforderst, kommt es zur Entscheidung:
  Hingabe oder Selbstbehauptung? ...
  ich meditiere mein Leben ...
– Wer sich gegen die Hingabe wehrt, dem wird alles genommen und anderen anvertraut ...
  ich meditiere mein Leben ...

Christusmeditation

Ich schaue Dich an – Du bist der kostbarste Weinberg Gottes,
der Frucht bringt in Überfülle ...

Lebensmeditation

Wie, wann und wo forderst Du Frucht von mir ein? ... (Menschen, die Opfer von mir verlangen – die mich ablehnen – für
die ich scheinbar vergeblich bete ...)

Wagnis Deiner Liebe

1 Und Jesus antwortete, sprach abermals in Gleichnissen zu ihnen und sagte: 2 Mit der Himmelsherrschaft verhält es sich wie mit einem Menschen, einem König, der seinem Sohn die Hochzeitsfeier ausrichtete. 3 Und er schickte seine Knechte, um die Geladenen zur Hochzeitsfeier zu rufen, und sie wollten nicht kommen. 4 Wieder schickte er andere Knechte und sagte: Sprecht zu den Geladenen: Siehe, ich habe mein Mahl bereitet, meine Ochsen und die Mastkälber sind geschlachtet, und alles ist bereit. Kommt zur Hochzeitsfeier. 5 Sie aber mißachteten es und gingen weg, einer auf seinen eigenen Acker, der andere hinter seinem Handel her. 6 Die übrigen ergriffen seine Knechte, mißhandelten und töteten sie. 7 Der König aber wurde zornig und schickte seine Heere aus, ließ jene Mörder umbringen und ihre Stadt verbrennen. 8 Dann sagt er seinen Knechten: Die Hochzeit ist zwar bereit, die Geladenen aber waren nicht würdig. 9 Darum gehet zu den Ausgängen der Straßen und wen ihr findet, ladet zur Hochzeit. 10 Und jene Knechte zogen aus auf die Straßen und brachten alle zusammen, die sie fanden. Böse und Gute. Und der Hochzeitssaal füllte sich mit Tischgästen.

11 Als aber der König eintrat, die Tischgäste zu besehen, erblickte er dort einen Menschen, der kein hochzeitliches Kleid angelegt hatte. 12 Und er sagt ihm: Freund, wie bist du hier hereingekommen, ohne ein hochzeitliches Kleid zu haben? Er aber verstummte. 13 Dann sprach der König zu den Dienern: Bindet seine Füße und Hände und werft ihn in die äußerste Finsternis! Dort wird Heulen und Zähneknirschen sein. 14 Denn viele sind berufen, wenige aber auserwählt.

Grundmeditation

„Das Wagnis der Liebe ist das Wagnis des Schmerzes" (*Wortmeditation*) – Liebe liefert sich dem anderen aus ...

194

Textmeditation

- Du bereitest mit großer Liebe und Sorgfalt alles für die letzte Erfüllung meines Lebens vor ...
- Du lädst mich ganz persönlich ein, sprichst mich an ...
- Du wagst den Schmerz, daß ich Deine Einladung ablehne, anderes Dir vorziehe ...
- Du lieferst Dich dem Schmerz aus, daß ich Deine Sendboten (durch was, durch wen rufst Du mich? ...) immer wieder zum Schweigen bringe (bis zur Vernichtung!), anstatt sie zu hören ...
- Du lieferst Dich uns Menschen aus, verzichtest auf Elite ...
- Du wagst den Schmerz, daß in Deine nächste Nähe, Deine engste Gemeinschaft, Fremdkörper eindringen ...

Tiefenmeditation

Ich höre Deinen Ruf zur „heiligen Hochzeit", als Symbol Deines Rufes zur innigsten Gemeinschaft mit Dir an jedem Ort – zu jeder Zeit – jetzt ... hier ...

Lebensmeditation

(als Fürbitte möglich)
- Hilf uns, Deine Einladung in den verschiedenen Formen zu hören, in denen Du sie uns zukommen läßt ...
- Hilf uns, in jeder Situation und in jedem Augenblick bereit zu sein, Deiner Einladung zu folgen ...
- Bewahre uns davor, durch Bindung an Besitz, durch Bindung an Menschen oder durch Bindung an eigene Vorhaben Deine Einladung zu überhören oder abzulehnen ...
- Hilf uns, die tiefste Sehnsucht unseres Lebens nicht mit vorläufigen Gütern zu betäuben ...
- Laß uns mit Freude die Gemeinschaft derer annehmen, die Du mit uns zusammen einlädst, ohne über sie zu urteilen ...

195

Versuchung

15 Da gingen die Pharisäer hin und faßten einen Beschluß, daß sie ihn in der Rede fingen. 16 Und sie schickten ihre Jünger zu ihm mit den Herodianern und sagten: Lehrer, wir wissen, daß du wahrhaftig bist und den Weg Gottes in Wahrheit lehrst und dich um niemanden scherst. Denn du blickst nicht auf die Person der Menschen. 17 Sage uns also, was meinst du? Ist es erlaubt, dem Kaiser Steuer zu zahlen oder nicht? 18 Jesus aber erkannte ihre Bosheit und sprach: Was versucht ihr mich, Heuchler? 19 Zeiget mir die Steuermünze! Sie aber reichten ihm einen Denar hin. 20 Und er sagt ihnen: Wessen Bild ist dies und die Aufschrift? 21 Sie sagen ihm: Des Kaisers. Da sagte er ihnen: Gebet also, was des Kaisers ist, dem Kaiser, und was Gottes ist, Gott! 22 Und als sie das hörten, wunderten sie sich. Und sie verließen ihn und gingen fort.

Bußmeditation

Wo liegt in mir der verborgene Pharisäer, der „versucht" (V. 18),
– den anderen aus unlauteren Motiven auf seine Tugenden anzusprechen? ...
– die gefährdete Stelle des anderen (äußerlich und innerlich) ausfindig zu machen? ...
– die Schuld des anderen hervorzulocken? ...
Wo stehe ich in den Versuchungen, die hier an Jesus herantreten?
– Bin ich kritisch, wo mich Menschen loben? ...
– Kenne ich meine gefährdeten Stellen? ...
– Bin ich wachsam gegenüber Menschen oder Situationen, welche das Ungute in mir provozieren wollen? ...

Wo bin ich – in der Vielfalt der Beziehungen, welche Anspruch auf mich erheben – in der Gefahr,
- mein Leben in verschiedene Bezirke einzuteilen, die beziehungslos nebeneinander stehen? ...
- den Menschen „um Gottes willen" vorzuenthalten, worauf sie Anspruch haben? (Geld, Zeit, Kraft, Offenheit o. a.) ...
- Gott um anderer Menschen willen vorzuenthalten, worauf er Anspruch hat? ...

Christusmeditation

Ich schaue Dich an, Herr. – Weil Du Gott wirklich *alles* gegeben hattest, warst Du ganz frei, den Menschen alles zu geben ...

Tiefenmeditation

Herr, verteile Du, was ich besitze – Zeit ... Besitz ... Kraft ... ich halte es Dir hin ...

Lebensmeditation (Fürbittmeditation)

- Laß uns erkennen, wo uns Menschen mit unlauteren Fragen Fallen stellen wollen ...
- Gib die Gnade, Antworten zu finden, die beim Fragenden die verborgene Wurzel der Frage erreichen ...
- Hilf uns, die rechte Beziehung zwischen den Forderungen der Gottesliebe und denen der Nächstenliebe zu finden, nicht in einem quantitativen Nebeneinander, sondern in einer qualitativen gegenseitigen Durchdringung und Befruchtung ...

Probleme des Glaubens

23 An jenem Tag traten Sadduzäer an ihn heran und sagten: Auferstehung gibt's nicht, und sie fragten ihn 24 und sagten: Lehrer,
Mose sprach: Wenn jemand stirbt, der keine Kinder hat, soll sein
Bruder als Schwager seine Frau heiraten und seinem Bruder
Nachkommenschaft erwecken. 25 Bei uns aber waren sieben Brüder. Der erste heiratete und starb. Und da er keine Nachkommenschaft hatte, hinterließ er seine Frau seinem Bruder. 26 Des-
gleichen auch der zweite und der dritte bis zum siebten. 27 Zuletzt aber von allen starb die Frau. 28 Wem von den Sieben nun
wird die Frau bei der Auferstehung gehören? Denn alle hatten
sie. 29 Jesus aber antwortete und sprach zu ihnen: Ihr irrt, da ihr
weder die Schriften noch die Macht Gottes kennt. 30 Denn bei
der Auferstehung heiraten sie weder, noch werden sie geheiratet,
sondern sie sind wie Engel im Himmel. 31 Habt ihr über die Auferstehung der Toten nicht gelesen, was euch von Gott gesagt ist,
der spricht: 32 Ich bin der Gott Abrahams und der Gott Isaaks
und der Gott Jakobs? Nicht ist er der Gott der Toten, sondern
der Lebenden. 33 Und als die Volksscharen das hörten, gerieten
sie außer sich über seine Lehre.

Grundmeditation

Gibt es Geheimnisse des Glaubens, mit denen ich nicht zurechtkomme – wo ich Probleme habe? ...

Textmeditation

– Woher kommen meine Fragen? ... Aus mir selbst? ... Durch
  andere Menschen? ...
– Sind meine Argumente, die ich anführte, vielleicht nur Mittel zum Zweck, das Verharren in meinen Problemen vor mir
  und anderen zu rechtfertigen? ...

198

– Bringe ich meine Probleme vor Dich – offen, zu hören –
  oder um Dich (im geheimen) ad absurdum zu führen? ...
– Bin ich bereit, mir von Dir sagen zu lassen, wo ich mich irre:
  weil ich nicht offen auf Dein Wort höre, sondern es so benutze und auswähle, wie es meinen Anliegen entspricht? ...
  weil meine „sachlichen" Argumente nichts anderes sind als
  Versuche, meine emotionalen Vorentscheidungen zu stüt-
  zen? ...
  weil ich die Geheimnisse Gottes nach meinen menschlichen
  Maßstäben zu beurteilen versuche? ...
– Bin ich noch fähig zum Erschrecken („das Volk geriet außer
  sich") – oder verschließe ich mich vor allem, was aus Deiner
  Welt in mein Leben einbricht? ...

Christusmeditation

Ich schaue Dich an, Herr,
– wie Du hinter der vordergründigen Frage das eigentliche Anliegen erspürst ...
– wie Du vom Denken des andern her Deine Worte wählst ...
– wie Du die inneren Widersprüche in ihm aufdeckst ...
– wie Du vollmächtig die Frage beantwortest ...

Tiefenmeditation

Du kennst meine Fragen und Probleme ...
Ich öffne mich Dir ...

Gottesliebe und Menschenliebe

34 Die Pharisäer, die hörten, daß er die Sadduzäer zum Schweigen gebracht hatte, versammelten sich am selben Ort. 35 Und einer von ihnen fragte, um ihn zu versuchen: 36 Lehrer, welches Gebot ist das größte im Gesetz? 37 Er aber sprach zu ihm: Du sollst deinen Gott lieben von deinem ganzen Herzen und von deiner ganzen Seele und von deinem ganzen Denken! 38 Dies ist das größte und erste Gebot. 39 Das zweite aber ist ihm gleich: Du sollst deinen Nächsten lieben wie dich selbst! 40 An diesen zwei Geboten hängt das ganze Gesetz und die Propheten.

Möglichkeiten der Textmeditation

- Ich suche eine Metapher für das Verhältnis des Liebesgebotes zu den anderen Geboten ...
- Ich suche eine Metapher für das Verhältnis zwischen Gottes- und Menschenliebe ...
- Ich meditiere diese Metaphern im Blick auf mein Leben ...

Beispiel einer Metaphermeditation – jeder sollte hier seine selbstgefundene Metapher einsetzen und durchmeditieren:
„Gottes- und Nächstenliebe sind in meinem Leben wie die beiden Angeln, in denen die Türe hängt und sich bewegt" ...
- Die Angeln: Gott und der Mitmensch ...
- Die Hülsen, die sich um die Zapfen drehen und mit der Tür verbunden sind: die Liebe zu Gott und dem Menschen ...
- die Türe: mein konkretes Leben ...
- Bewegen der Türe: die Gegensätze, zwischen denen mein Leben hin- und herschwingt ... (nur eine Tür, die gebraucht wird, bleibt auf die Dauer funktionsfähig ...)
- das Öl, welches die Angeln beweglich hält: das „Ja, Vater" ...
- das Festhängen in *beiden* Angeln: der Halt, der die richtigen Bewegungen möglich macht ...
- die Funktion einer Tür (öffnen oder verschließen): Die Verantwortung meines Lebens ...

Christusmeditation

Du – Tür Gottes zu uns Menschen ...
Du – Tür für uns Menschen zu Gott ...

Deine Fragen an mich

41 Als aber die Pharisäer versammelt waren, fragte sie Jesus 42 und sprach: Was meint ihr über den Christus? Wessen Sohn ist er? Sie sagen ihm: Davids. 43 Er sagt ihnen: Wie nennt ihn denn David im Geist Herrn, da er spricht: 44 Es sprach der Herr zu meinem Herrn: Setze dich zu meiner Rechten, bis ich deine Feinde unter deine Füße lege? 45 Wenn David ihn also Herrn nennt, wie ist er sein Sohn? 46 Und niemand konnte ihm ein Wort antworten, auch wagte es von jenem Tag an keiner mehr, ihn weiter zu fragen.

Grundmeditation

Ich habe manche Frage an Dich, Herr – wo habe ich es schon erfahren, daß Du *mich* gefragt hast? ...

Textmeditation

– Wenn Du einem Menschen eine Frage stellst, willst Du damit das verborgene Gute aus ihm hervorlocken ...
  (z. B. „Was willst du, daß ich Dir tun soll?" „Wer aber sagt ihr, daß ich sei?" – „Wer hat des Vaters Willen erfüllt?")
– Wenn Du einem Menschen eine Frage stellst, willst Du ihm dadurch helfen, etwas Ungeklärtes klarer zu erkennen ...
– Wenn Du einem Menschen eine Frage stellst, willst Du ihm zeigen, daß all unser menschliches Erkennen (besonders in den Fragen des Glaubens) nur Stückwerk ist und bleiben wird ...

Christusmeditation

Ich schaue Dich an, wie Du immer wieder dadurch verkündigst, daß Du bestimmten Menschen die richtigen, ihnen gemäßen Fragen stellst ...

Tiefenmeditation

Ich verharre vor Dir – wartend, ob Du eine Frage an *mich* hast . . .

Lebensmeditation

- Hilf mir, zu erkennen, welche Fragen Du durch Menschen an mich stellst . . .
- Hilf mir, zu erkennen, welche Fragen Du durch bestimmte Ereignisse an mich stellst . . .
- Hilf mir, daß ich Deinen Fragen nicht ausweiche . . .
- Hilf mir, demütig anzunehmen, daß ich nicht alle Deine Fragen beantworten kann . . .
- Hilf mir, die offenbleibenden Fragen als Verheißungen späterer, tieferer Erfüllung anzunehmen . . .

Einer allein ist unser Meister

1 Da redete Jesus zu den Volksscharen und zu seinen Jüngern 2 und sagte: Auf dem Stuhl des Mose sitzen die Schriftgelehrten und Pharisäer. 3 Alles nun, was sie auch sagen, tut und haltet; nach ihren Werken aber tut nicht. Denn sie sagen es zwar, tun es aber nicht. 4 Sie binden schwere und unerträgliche Lasten und legen sie den Menschen auf die Schultern, sie selbst aber wollen diese nicht mit dem Finger bewegen. 5 Alle ihre Werke aber tun sie, um von den Menschen gesehen zu werden. Denn sie machen ihre Gebetsriemen weit und die Quasten groß. 6 Sie lieben den ersten Platz bei den Gastmählern und die ersten Stühle in den Synagogen 7 und daß sie auf den Marktplätzen gegrüßt und von den Menschen Rabbi genannt werden. 8 Ihr aber laßt euch nicht Rabbi nennen. Denn einer ist euer Lehrer, ihr alle aber seid Brüder. 9 Und Vater sollt ihr euch nicht nennen auf Erden, denn einer ist euer Vater, der himmlische. 10 Noch sollt ihr euch Meister nennen lassen, weil einer euer Meister ist, der Christus. 11 Der Größte von euch soll euer Diener sein. 12 Wer sich aber selbst erhöht, wird erniedrigt werden, und wer sich selbst erniedrigt, wird erhöht werden.

Textmeditation (Möglichkeiten)

– Worte, welche nicht vom Handeln getragen, gedeckt sind,
  sind wie ...
  (Metapher suchen)
– Wenn ich anderen Menschen Lasten auflege, die ich nicht
  selbst zu tragen bereit bin, gleiche ich einem ...
  (Metapher suchen)
– Wer den Lohn seines geistlichen Lebens in Ehre, in Aner-
  kennung der Menschen sucht, gleicht einem ...
  (Metapher suchen)
– Wer meint, den Willen Gottes allein durch äußeres Tun er-
  füllen zu können, ist wie ein ...
  (Metapher suchen)
– Wer den Anspruch erhebt, für andere Meister, Vater, Lehrer
  zu sein ohne diese Funktionen Gottes in seinem Sein zu
  symbolisieren, gleicht einem ...
  (Metapher suchen)

Lebensmeditation

Hilf mir, daß ich nur das von anderen verlange, was ich selbst
zu tun bereit bin ...
Hilf mir, daß es mir immer weniger wichtig werde, was Menschen über mich sagen, daß ich mich immer mehr von Dir be-
urteilt weiß ...
Hilf, daß ich mir selbst in meinem Dienst an den Menschen
immer unwichtiger werde ...

Tiefenmeditation

Du – mein Vater ... Du – mein Meister ... Du – mein Lehrer ...

Der Pharisäer in mir

13 Wehe euch, Schriftgelehrte und Pharisäer, Heuchler, denn ihr verschließt die Herrschaft der Himmel vor den Menschen. Ihr nämlich tretet nicht ein, die aber eintreten wollen, laßt ihr nicht eintreten [14]. 15 Wehe euch, Schriftgelehrte und Pharisäer, Heuchler, denn ihr durchzieht das Meer und das Trockene, um nur einen Proselyten zu machen. Und ist er es geworden, macht ihr ihn zu einem Sohn der Gehenna, zwiespältiger als ihr. 16 Wehe euch, blinde Führer, die ihr sagt: Wer beim Tempel schwört, das ist nichts. Wer aber beim Gold des Tempels schwört, ist verpflichtet. 17 Ihr Toren und Blinden! Wer ist denn größer: das Gold oder der Tempel, der das Gold heiligt? 18 Und wer beim Altar schwört, das ist nichts. Wer aber beim Opfer schwört, das auf ihm liegt, ist verpflichtet. 19 Ihr Blinden! Was ist denn größer: das Opfer oder der Altar, der das Opfer heiligt? 20 Wer darum beim Altar schwört, schwört bei demselben und bei allem, was auf ihm liegt. 21 Und wer beim Tempel schwört, schwört bei demselben und bei dem, der drinnen wohnt. 22 Und wer beim Himmel schwört, schwört beim Thron Gottes und bei dem, der darauf sitzt. 23 Wehe euch, Schriftgelehrte und Pharisäer, Heuchler, denn ihr verzehntet die Minze und den Dill und den Kümmel und laßt das Wichtigere am Gesetz fahren, das Recht und die Barmherzigkeit und den Glauben. Dies soll man tun, jenes nicht lassen. 24 Ihr blinden Führer, die ihr die Mücke (siebt) und das Kamel schluckt! 25 Wehe euch, Schriftgelehrte und Pharisäer, Heuchler, denn ihr reinigt das Äußere des Bechers und der Schüssel, inwendig aber sind sie voll von Raub und Unmäßigkeit. 26 Blinder Pharisäer, reinige zuerst das Innere des Bechers, damit auch sein Äußeres rein werde! 27 Wehe euch, Schriftgelehrte und Pharisäer, Heuchler, denn ihr gleicht übertünchten Gräbern, die außen zwar schön erscheinen, inwendig aber voll von Totengebein und jeder Unreinheit sind. 28 So erscheint auch ihr den Menschen gerecht, inwendig aber seid ihr voll von Heuchelei und Gesetzlosigkeit. 29 Wehe euch, Schriftgelehrte und Pharisäer, Heuchler, denn ihr baut den Propheten Gräber und schmückt die Grabmäler der Gerechten 30 und sagt: Wären wir in den Tagen unserer Väter gewesen, wären wir nicht

mit ihnen teilhaft geworden am Blut der Propheten. 31 So gebt ihr über euch selbst Zeugnis, daß ihr Söhne der Prophetenmörder seid. 32 Und erfüllt das Maß eurer Väter!

Grundmeditation

„Schlüssel und Schloß" ...
(Wer Menschen für das Himmelreich gewinnen will, muß einer Tür gleichen, bei der Schlüssel und Schloß ihre Funktionen erfüllen ...)

Textmeditation

Ich meditiere die Bilder, die der Text mir anbietet
- Ein Mensch, der auf das Gold sieht, statt auf den Tempel – auf das Opfer, statt auf den Altar – auf den „Himmel" statt auf Gott ...
  wo bin ich in dieser Gefahr? ...
- Ein Mensch, der jedes Gewürzkorn verzehntet, statt nach dem konkreten Willen Gottes zu fragen ...
  wo bin ich in dieser Gefahr? ...
- Ein Mensch, der Mücken aussiebt und Kamele verschluckt ...
  wo bin ich in dieser Gefahr? ...
- Ein Mensch, der ein Gefäß von außen poliert, ohne den inneren Schmutz daraus zu entfernen ...
  wo bin ich in dieser Gefahr? ...
- Ein Mensch, der einem übertünchten Grab gleicht ...
  wo bin ich in dieser Gefahr? ...
- Ein Mensch, der die Gräber derer schmückt, an denen er schuldig geworden ist ...
  wo bin ich in dieser Gefahr? ...

Christusmeditation

Ich schaue Dich in Deiner Begegnung mit den Pharisäern ...
decke den verborgenen Pharisäer in mir auf ...

Gnade hat ihre Zeit

33 Schlangen, Otterngezücht, wie werdet ihr dem Gericht der Gehenna entfliehen? 34 Darum: Siehe, ich sende zu euch Propheten und Weise und Schriftgelehrte. Und etliche von ihnen werdet ihr töten und kreuzigen, und etliche von ihnen werdet ihr in euren Synagogen geißeln und verfolgen von Stadt zu Stadt, 35 auf daß über euch alles gerechte Blut komme, das auf Erden vergossen ist, vom Blut des gerechten Abel bis zum Blut des Zacharias, des Sohnes Barachias, den ihr zwischen Tempelhaus und Altar mordetet. 36 Amen, ich sage euch: Dies alles wird kommen über dieses Geschlecht.

37 Jersualem, Jerusalem, die tötet die Propheten und steinigt die zu ihr Gesandten, wie oft habe ich deine Kinder versammeln wollen, wie eine Vogelmutter ihre Küchlein unter den Flügeln versammelt. Und ihr habt nicht gewollt. 38 Siehe, euer Haus soll euch öde überlassen werden. 39 Denn ich sage euch: Ihr werdet mich von jetzt an nicht mehr sehen, bis ihr sprecht: Gepriesen, der kommt im Namen des Herrn.

Grundmeditation

Du, Herr, begegnest mir durch Menschen: „Wer euch hört, der hört mich" – habe ich *Dich* in den Verkündern Deiner Botschaft gehört? ...
„Was ihr getan habt einem unter diesen meinen geringsten Brüdern, das habt ihr mir getan" – habe ich *Dich* in den Notleidenden gesehen? ...

Textmeditation

– Herr, Deine Gnadenangebote sind Entscheidungssituationen für uns ...
– Dein Gnadengangebot begegnet uns im konkreten Menschen ...
– Ablehnung Deiner Boten bedeutet für uns: Ablehnung Deiner Gnade ...
– Konkrete Schuld gegen Dich in Deinen Boten belastet uns mit der Fülle der Menschheitsschuld ...
– Gnade hat ihre Zeit – es gibt ein „zu spät" ...

Christusmeditation

– Ich schaue Dich, Herr – wahrer Mensch: ich begegne Dir im Menschen neben mir ...
– Ich schaue Dich, Herr – wahrer Gott: in Dir begegne ich dem Vater ...

Tiefenmeditation

Du stehst vor mir – ich kann nicht an Dir vorbei ...

Orte Deiner Gegenwart

1 Und Jesus, der aus dem Tempel trat, ging fort. Und seine Jünger traten an ihn heran, um ihm die Bauten des Tempels zu zeigen. 2 Er aber antwortete und sprach zu ihnen: Seht ihr nicht dies alles? Amen, ich sage euch: Kein Stein wird hier auf dem anderen bleiben, der nicht zerstört werden wird.

3 Als er auf dem Ölberg saß, traten die Jünger allein an ihn heran und sprachen: Sage uns, wann wird das sein und was ist das Zeichen deiner Ankunft und der Vollendung des Äons?

4 Und Jesus antwortete und sprach zu ihnen: Gebt acht, daß euch nicht jemand irreführt! 5 Denn viele werden in meinem Namen kommen und sagen: Ich bin der Christus. Und sie werden viele irreführen.

6 Ihr werdet aber von Kriegen und Kriegsgerüchten hören. Sehet zu, erschreckt nicht! Denn es muß geschehen, ist jedoch noch nicht das Ende. 7 Denn Volk wird gegen Volk aufstehen und Reich gegen Reich und Hungersnöte und Erdbeben werden an verschiedenen Orten sein. 8 Alles dies aber Anfang der Wehen!

Grundmeditation

„Altar" – „Tempel"
(Die Väter bauten dort einen Altar, wo ihnen Gott erschienen war – dort beteten sie an, dorthin gingen sie, um Gott neu zu begegnen – später baute Salomo den Tempel als das „Haus Gottes")

Textmeditation

– Du, Herr, kommst zu uns Menschen …
   Wir Menschen bauen um den Ort Deiner Gegenwart den Tempel, suchen dort die Quelle, zu der man kommen kann, um lebendiges Wasser zu trinken …

Grundmeditation

„Wach sein" (Ich versetze mich in einen Menschen, der in der Wachheit einer tiefen Liebe auf jede innere und äußere Regung des Geliebten achtet ...)

Textmeditation

Laß uns mit brennendem Herzen warten auf Dein Kommen, Herr, wo Du uns begegnen willst – im Kleinsten wie im Größten ...
– Gib uns die heilige Spannkraft einer ständig wachsenden Liebe, die zu *jeder* Zeit, in *allen* Situationen und in *jedem* Menschen wach auf Deine Begegnung wartet ...
– Gib uns die heilige Spannkraft einer ständig wachsenden Liebe, die jedes Müdewerden des scheinbar vergeblichen Wartens überwindet ...
– Gib uns die heilige Spannkraft einer ständig wachsenden Liebe, die Dich „zu Hause" erwartet, d.h. im treuen Tun dessen, was Du jetzt und hier von mir willst ...
– Gib uns die heilige Spannkraft einer ständig wachsenden Liebe, die wach bleibt gegenüber der Gefährdung, das, was Du uns für andere anvertraut hast, im eigenen Interesse auf Kosten der anderen zu vergeuden ...

Existenzmeditation

Du begegnest mir – unerwartet – in den verschiedenen Situationen des Alltags –
Du wirst mir in einzigartiger Weise – vielleicht unerwartet – in der Stunde meines Todes begegnen ...
Du wirst in einer völlig unerwarteten Weise einmal in unsere Welt kommen ...
Bin ich bereit? ...

Standhaft bleiben bis zum Ende

9 Dann werden sie euch in Drangsal ausliefern und euch töten. Und ihr werdet gehaßt werden von allen Völkern um meines Namens willen. 10 Und dann werden viele Anstoß nehmen und einander ausliefern und einander hassen. 11 Und viele falsche Propheten werden aufstehen und viele irreführen. 12 Und weil die Gesetzlosigkeit überhandnehmen wird, wird die Liebe der vielen erkalten. 13 Wer aber ausharrt bis ans Ende, dieser wird gerettet werden. 14 Und dieses Evangelium vom Reich wird dem ganzen Erdkreis verkündet werden allen Völkern zum Zeugnis. Und dann wird das Ende kommen.

Grundmeditation

Ich sehe vor mir einen Raum, in dessen Mitte Jesus Christus steht und auf mich wartet. Er will eins werden mit mir. Aber um ihn liegen in konzentrischen Kreisen Grenzen, die ich nacheinander überschreiten muß, um zu ihm zu gelangen ...

Textmeditation

– Die äußerste Grenze trennt den, der zu Christus hinstrebt, von dem, der in anderer Richtung geht. (V. 9)
  Ich schaue das Verhalten derer, die außerhalb dieser Grenze stehen (ihren Haß und Vernichtungswillen) ...
  Ich fühle mich hinein in die, welche innerhalb dieser Grenze stehen (ihre Drangsal) ...
  Wo stehe ich? ...
– Die nächste Grenze steht zwischen dem, der Bedrängnisse (V. 9) um Christi willen gelassen auf sich nimmt und dem, der solches (bewußt oder unbewußt) nicht verkraftet und anderen antut, was er selbst erleidet ... (V. 10)

212

Ich fühle mich in beide Möglichkeiten ein ...
Wo stehe ich? ...

– Die dritte Grenze zeichnet sich ab zwischen solchen, die in Zeiten der Not für sich selbst etwas gewinnen wollen und versuchen, andere an sich zu binden, und denen, die nichts suchen als die Nähe des Herrn ... (V. 11)
Ich fühle mich ein in die, welche außerhalb stehen, und in die, welche innerhalb stehen ...
Wo stehe ich? ...

– Die innerste Grenze wird dort überschritten, wo ein Mensch der Versuchung widersteht, angesichts der Gesetzlosigkeit die „Liebe erkalten" zu lassen, und „ausharrt bis ans Ende" ... (V. 12 und 13)
Wo stehe ich? ...

Tiefenmeditation

Ich schaue Dich, den Herrn der Welt, dessen Herrschaft dennoch nicht von dieser Welt ist ...

Vor dem letzten Gericht

15 Wenn ihr also den Greuel der Verwüstung, von dem geredet wurde von Daniel, dem Propheten, stehen seht an heiliger Stätte – wer es liest, erfasse es! –, 16 dann sollen die in Judäa in die Berge fliehen. 17 Wer auf dem Dach ist, steige nicht herab, um die Sachen aus seinem Haus zu holen. 18 Und wer auf dem Feld ist, soll sich nicht rückwärts umwenden, um seinen Mantel zu holen. 19 Wehe aber den Schwangeren und Stillenden in jenen Tagen! 20 Betet aber, daß eure Flucht nicht in den Winter oder auf einen Sabbat fällt. 21 Denn dann wird eine große Drangsal sein, wie sie nicht gewesen ist von Anfang der Welt bis jetzt und nicht mehr sein wird. 22 Und wenn jene Tage nicht abgekürzt würden, würde kein Fleisch gerettet werden. Wegen der Auserwählten aber werden jene Tage abgekürzt werden.

23 Wenn euch dann jemand sagt: Siehe, hier der Christus! oder: Hier! glaubt nicht. 24 Denn falsche Christusse und falsche Propheten werden sich erheben und große Zeichen und Wunder gewähren, um – wenn möglich – die Auserwählten irrezuführen.

25 Siehe, ich habe es euch vorhergesagt. 26 Wenn sie euch also sagen: Siehe, er ist in der Wüste!, ziehet nicht hinaus. Siehe in den Kammern!, glaubt nicht. 27 Denn wie der Blitz ausgeht vom Aufgang und scheint bis zum Niedergang, so wird die Ankunft des Menschensohnes sein. 28 Wo das Aas ist, dort werden sich die Geier versammeln.

Grundmeditation

Herr, für Dich wurde das innere Schauen der Zerstörung Jerusalems zum Zeichen: „Vor der Rettung steht das Gericht" …

Textmeditation

– Dem Gericht entgehen wird nur der, der die Zeichen der Zeit klar erkennt …

(„wer es liest, erfasse es" – „ich habe es euch vorhergesagt":
Das Wort deutet das Geschehen – das Geschehen läßt das
Wort verstehen)
- Dem Gericht entgehen wird nur der, der im entscheidenden
  Moment *alles* zurücklassen kann, um das nackte Leben
  (Heil) zu retten ...
  („steige nicht herab, um die Sachen aus seinem Haus zu ho-
  len" – „soll sich nicht rückwärts umwenden")
- Dem Gericht entgehen wird nur der, den Gott bewahrt oder
  befreit von Belastungen, die über seine Kräfte gehen ...
  („den Schwangeren und Stillenden" – „im Winter" – „am
  Sabbat")
- Dem Gericht entgehen wird nur der, der die helfende Be-
  wahrung Gottes annimmt, für sich selbst und stellvertre-
  tend für die anderen ...
  („wegen der Auserwählten werden jene Tage abgekürzt werden")
- Dem letzten Gericht entgehen wird nur der, der Christus
  nicht mehr im Vorläufigen sucht und im Zeichen, sondern
  sich von seiner völlig anderen Ankunft blitzartig überwältigen läßt ...
  („wie der Blitz")

Existenzmeditation

- Ich sehe den Weg des „mytischen Todes" im Licht dieser
  Wahrheiten ...
- Ich meditiere mein Sterben im Licht dieser Wahrheiten ...

Fürbittmeditation

- Ich bete für alle Sterbenden im Licht dieser Wahrheiten ...
- Ich bete für alle, die gerufen sind, „dieser Welt zu sterben",
  im Licht dieser Wahrheiten ...

Dunkle Nacht – Zeit Deines Kommens

29 Sogleich aber nach der Drangsal jener Tage wird die Sonne ver-
finstert werden, und der Mond wird seinen Schein nicht geben,
und die Sterne werden vom Himmel fallen, und die Kräfte der
Himmel werden ins Wanken gebracht werden. 30 Und dann wird
das Zeichen des Menschensohnes am Himmel erscheinen, und
dann werden wehklagen alle Stämme der Erde und werden kommen sehen den Menschensohn auf den Wolken des Himmels mit
Macht und großer Herrlichkeit. 31 Er wird seine Engel aussenden
mit der großen Posaune, und sie werden seine Erwählten zusam-
menbringen aus den vier Winden von den einen Enden der Himmel bis zu den anderen.

Textmeditation

Ich versuche, die Bilder des Textes in mir zu sehen, die nichts anderes wollen, als hinweisen auf etwas Unsagbares, Unfaßbares:
– Die „Sonne" verdunkelt sich ...
– Der „Mond" verliert seinen Schein ...
– Die „Sterne" weichen aus ihrer Bahn ...
– Die „Kräfte der Himmel" kommen ins Wanken ...
– Der Menschensohn erscheint im gewaltigen kosmischen „Zeichen" ...
– Die Menschen erschrecken tödlich ...
– Die Erwählten werden gesammelt ...

Lebensmeditation

– Es gibt Situationen in meinem Leben, wo kein „Sonnenstrahl" mehr scheint ...
  Bist Du dann nahe, Herr? ...
– Es gibt Situationen, wo selbst das abgeleitete Licht erlischt ...
  Bist Du dann nahe, Herr? ...
– Es gibt Situationen, wo kein „Stern" mehr zu sehen ist ...
  Bist Du dann nahe, Herr? ...
– Es gibt Situationen, wo alles ins Wanken gerät ...
  Bist Du dann nahe, Herr? ...

– In der dunkelsten Nacht erscheint Dein Zeichen – das Kreuz – über meinem Leben ...
– Ich fühle, wie in dieser „Nacht" alles Dunkle in mir schmerzhaft offenbar wird ...
– Ich fühle, wie Du in dieser „Nacht" alles Gute in mir einsammelst ...

Fürbittmeditation

– für die Deinen, daß sie in den Dunkelheiten nicht verzagen ...

Zeit der Ernte

32 Vom Feigenbaum aber lernet das Gleichnis: Wenn sein Zweig schon weich wird und die Blätter herauswachsen, erkennt ihr, daß der Sommer nahe (ist). 33 So erkennt auch ihr, wenn ihr alles dies geschehen seht, daß es nahe vor der Türe ist! 34 Amen, ich sage euch: Dieses Geschlecht wird nicht vergehen, bis alles dies geschieht. 35 Der Himmel und die Erde wird vergehen, meine Worte aber werden nicht vergehen. 36 Was aber jenen Tag und (jene) Stunde betrifft, so kennt sie keiner, weder die Engel der Himmel, noch der Sohn, sondern nur der Vater allein.

37 Denn wie die Tage des Noe, so wird es mit der Ankunft des Menschensohnes sein. 38 Denn wie sie in den Tagen vor der Sintflut aßen und tranken, heirateten und sich heiraten ließen bis zu dem Tag, da Noe in die Arche ging, 39 und sie nicht zur Erkenntnis gelangten, bis die Sintflut kam und alle dahinraffte, so wird es auch mit der Ankunft des Menschensohnes sein. 40 Dann werden zwei auf dem Feld sein, einer wird angenommen und einer zurückgelassen. 41 Zwei werden an der Mühle mahlen, eine wird angenommen und eine zurückgelassen.

Grundmeditation

„Wachsen gemäß der Jahreszeit" in der Natur ... *(Symbolmeditation)*
Möglicher Gang der Meditation: Ich wachse – in mir bildet sich Frucht – die Frucht ist nur Hülle des Samens – eine Frucht kann faulen, der Same bleibt erhalten – eine Frucht kann verzehrt werden – der Same bleibt erhalten ...

Textmeditation

– Du kommst, wenn die Zeit der Ernte da ist ... (im Leben der Menschheit – in meinem Leben ...)
– Die Nähe Deiner Ankunft ist im Zeichen erkennbar ... „wenn ihr alles dies geschehen sehet" ...
– Der genaue Zeitpunkt Deiner Ankunft ist verborgen ... „Tag und Stunde kennt keiner ...
– Du ernstest dort, wo die Frucht den reifen Samen in sich trägt – (der Same ist Dein Wort, wie es in der Frucht meines Lebens Gestalt gewonnen hat ...)
– Du verwirfst die Frucht, die keinen Samen in sich trägt ... „einer wird zurückgelassen" ...

Tiefenmeditation

Mein Leben – Mutterschoß des wachsenden Samens – wann ist er reif zur Ernte? – Du kennst die Zeit der Ernte – ich überlasse mich Dir ...

Wachheit der Liebe

42 Darum wachet, denn ihr wißt nicht, an welchem Tag euer Herr kommt. 43 Jenes aber erkennt: Wenn der Hausvater wüßte, in welcher Nachtwache der Dieb kommt, so würde er wachen und nicht in sein Haus einbrechen lassen. 44 Deshalb seid auch ihr bereit, denn der Menschensohn kommt zu einer Stunde, da ihr es nicht meint.

45 Welcher ist also der treue und kluge Sklave, den der Herr über sein Gesinde setzte, daß er ihnen zur rechten Zeit die Speise gebe? 46 Selig jener Sklave, den sein Herr, wenn er kommt, damit beschäftigt findet. 47 Amen, ich sage euch: Er wird ihn über alle seine Güter setzen. 48 Wenn aber jener böse Sklave in seinem Herzen spricht: Mein Herr läßt sich Zeit, 49 und anfängt seine Mitsklaven zu schlagen, mit den Zechern zu essen und zu trinken, 50 wird der Herr jenes Sklaven an einem Tag kommen, da er es nicht vermutet, und zu einer Stunde, die er nicht kennt. 51 Und er wird ihn zerspalten und ihm den Teil bei den Heuchlern anweisen. Dort wird Heulen und Zähneknirschen sein.

Grundmeditation

„Wach sein" (Ich versetze mich in einen Menschen, der in der Wachheit einer tiefen Liebe auf jede innere und äußere Regung des Geliebten achtet ...)

Textmeditation

Laß uns mit brennendem Herzen warten auf Dein Kommen, Herr, wo Du uns begegnen willst – im Kleinsten wie im Größten ...

- Gib uns die heilige Spannkraft einer ständig wachsenden Liebe, die zu *jeder Zeit*, in *allen* Situationen und in *jedem* Menschen wach auf Deine Begegnung wartet ...
- Gib uns die heilige Spannkraft einer ständig wachsenden Liebe, die jedes Müdewerden des scheinbar vergeblichen Wartens überwindet ...
- Gib uns die heilige Spannkraft einer ständig wachsenden Liebe, die Dich „zu Hause" erwartet, d.h. im treuen Tun dessen, was Du jetzt und hier von mir willst ...
- Gib uns die heilige Spannkraft einer ständig wachsenden Liebe, die wach bleibt gegenüber der Gefährdung, das, was Du uns für andere anvertraut hast, im eigenen Interesse auf Kosten der anderen zu vergeuden ...

Existenzmeditation

Du begegnest mir – unerwartet – in den verschiedenen Situationen des Alltags –
Du wirst mir in einzigartiger Weise – vielleicht unerwartet – in der Stunde meines Todes begegnen ...
Du wirst in einer völlig unerwarteten Weise einmal in unsere Welt kommen ...
Bin ich bereit? ...

Wie stark ist meine Liebe?

1 Dann wird es sich mit der Himmelsherrschaft verhalten wie mit zehn Jungfrauen, die ihre Lampen nahmen und auszogen zur Begegnung mit dem Bräutigam. 2 Aber fünf von ihnen waren töricht und fünf klug. 3 Denn die törichten nahmen ihre Lampen, nicht nahmen sie Öl mit sich. 4 Die klugen aber nahmen Öl in Krügen mit ihren Lampen. 5 Als der Bräutigam sich Zeit ließ, wurden alle schläfrig und schliefen ein. 6 Mitten in der Nacht aber war ein Geschrei: Siehe, der Bräutigam, ziehet aus zur Begegnung! 7 Da standen alle jene Jungfrauen auf und richteten ihre Lampen her. 8 Die törichten aber sprachen zu den klugen: Gebt uns von eurem Öl, weil unsere Lampen verlöschen! 9 Die klugen aber antworteten und sagten: Nein, es wird nicht reichen für uns und euch. Geht lieber zu den Krämern und kauft es euch. 10 Als sie aber fortgingen zu kaufen, kam der Bräutigam. Und die bereit waren, gingen mit ihm hinein zur Hochzeit. Und die Tür wurde geschlossen. 11 Zuletzt aber kommen auch die übrigen Jungfrauen und sagen: Herr, Herr, öffne uns! 12 Er aber antwortete und sprach: Amen, ich sage euch: Ich kenne euch nicht. 13 Wachet also, denn ihr kennt weder den Tag noch die Stunde.

Grundmeditation

Ich meditiere einen Leuchter mit vielen Kerzen als ein Zeichen festlicher Freude ...

Möglichkeit einer Textmeditation

- Ich identifiziere mich mit einer Lampe, deren Flamme man kleiner und größer stellen kann ... (die Liebe ist diese Flamme)
- Ich schaue die angenommenen Schmerzen, Nöte und Dunkelheiten meines Lebens als das Öl, das diese Flamme speist ... („Schmerz verwandelt sich in Liebe")
- Ich schaue das Leid anderer Menschen, dem ich mich liebend öffne, als den Strom, der das Öl nachfließen läßt ...
- Ich schaue auf meine Müdigkeit, die den Nachfluß neuen Öles hindert ...
- Ich schaue, wie das Kommen des Herrn die Flamme hell aufflammen läßt ...

Tiefenmeditation

Schmerz verwandelt sich in Liebe, wo ich ihn annehme ... ich baue alle Abwehrmaßnahmen ab ... öffne mich ...

Anvertrautes Gut

14 Denn es verhält sich wie mit einem Menschen, der auf Reisen ging. Er rief die ihm gehörenden Sklaven und übergab ihnen seine Güter. 15 Und einem gab er fünf Talente, einem zwei, einem eins, jedem nach seiner Tüchtigkeit. Und er reiste ab. 16 Sofort ging der, welcher die fünf Talente empfangen hatte, hin, wirtschaftete mit ihnen und gewann fünf weitere. 17 Ebenso gewann der mit den zwei zwei weitere. 18 Der aber das eine empfangen hatte, ging weg, grub die Erde auf und versteckte das Geld seines Herrn. 19 Nach langer Zeit aber kommt der Herr jener Sklaven und hält Abrechnung mit ihnen. 20 Und es trat, der die fünf Talente empfangen hatte, heran, überbrachte fünf weitere Talente und sagte: Herr, fünf Talente hast du mir übergeben. Siehe, weitere fünf Talente habe ich gewonnen. 21 Sein Herr sprach zu ihm: Schön, guter und treuer Sklave, über wenigem warst du treu, über vieles werde ich dich stellen. Tritt ein zum Freudenfest deines Herrn! 22 Und es trat der mit den zwei Talenten heran und sprach: Herr, zwei Talente hast du mir übergeben. Siehe, weitere zwei Talente habe ich gewonnen. 23 Sein Herr sprach zu ihm: Schön, guter und treuer Sklave, über wenigem warst du treu, über vieles werde ich dich stellen. Tritt ein zum Freudenfest deines Herrn! 24 Es trat aber auch heran, der ein Talent bekommen hatte, und sprach: Herr, ich wußte von dir, daß du ein harter Mensch bist, erntest, wo du nicht gesät hast, und sammelst ein, was du nicht ausgeteilt hast. 25 Und aus Furcht ging ich weg und versteckte dein Talent in der Erde. Siehe, da hast du das Deine. 26 Sein Herr aber antwortete und sprach zu ihm: Du böser und fauler Knecht, du wußtest, daß ich ernte, wo ich nicht gesät habe, und einsammle, was ich nicht ausgeteilt habe. 27 Du hättest also meine Gelder bei den Wechslern anlegen müssen, und ich hätte bei meinem Kommen das Meine mit Zins wiederbekommen. 28 Darum nehmt ihm das Talent und gebt es dem, der die zehn Talente hat. 29 Denn jedem, der hat, wird gegeben werden, und er wird Überfluß haben. Wer aber nicht hat, dem wird auch, was er hat, genommen werden. 30 Und den unnützen Sklaven werft in die äußerste Finsternis. Dort wird Heulen und Zähneknirschen sein.

Grundmeditation

„Anvertrautes Gut ..." (ich stelle mir z. B. vor, eine Mutter vertraut mir für eine bestimmte Zeit ihr Kind an ... ich lasse die Gefühle, die sich dabei einstellen, hervorkommen – schaue sie an ...)

Textmeditation

– Du, Herr, vertraust uns Deine Gaben an, um während Deiner „Abwesenheit" Dein Werk weiterzuführen ...
  Hilf uns, die Dunkelheit Deiner (scheinbaren) Abwesenheit liebend auszuhalten, indem wir uns weder an Vergangenes festklammern, noch wie gebannt auf eine ersehnte Zukunft starren, sondern heute und hier tun, was Du Dir von uns wünschst ...
– Du, Herr, hast einem jeden von uns ganz bestimmte Gnadengaben anvertraut – auch mir ...
  Hilf mir, diese Gaben dankbar zu sehen ... und Dein Vertrauen zu empfinden, das Du in mich setzt ...
– Du, Herr, verteilst die Gaben nach unserem Vermögen („jedem nach seiner Tüchtigkeit") ...
  Ich glaube, Herr, daß Du mein Vermögen besser beurteilen kannst als ich selbst, daß Du mir nicht mehr, aber auch nicht weniger anvertraust, als für mich richtig ist ...
– Du, Herr, gibst mir die Gaben nicht für mich, sondern zum Dienst an anderen Menschen ...
  Laß mich in meinem Gebet die Menschen meditierend anschauen, welche nach den Gaben hungern und dürsten, die Du ihnen durch mich geben willst ...
– Du, Herr, forderst Rechenschaft darüber, wie ich Deine Gaben verwaltet habe ...
  Gib mir Deine verzehrende Unruhe ins Herz, die alle Müdigkeit und Trägheit überwindet ...

Beginn Deiner Wiederkunft

31 Wenn aber der Menschensohn kommt in seiner Herrlichkeit und alle Engel mit ihm, dann wird er sich auf den Thron seiner Herrlichkeit setzen. 32 Und alle Völker werden vor ihm versammelt werden. Und er wird sie voneinander scheiden, wie der Hirt die Schafe von den Böcken scheidet. 33 Und er wird die Schafe zu seiner Rechten stellen, die Böcke aber zur Linken. 34 Und dann wird der König denen zu seiner Rechten sagen: Kommet her, ihr Gesegneten meines Vaters, empfanget als Erbteil das Reich, das euch bereitet ist seit Schöpfung der Welt. 35 Denn ich war hungrig, und ihr habt mir zu essen gegeben. Ich war durstig, und ihr habt mich getränkt. Ich war fremd, und ihr habt mich beherbergt, 36 nackt, und ihr habt mich bekleidet. Ich war krank, und ihr habt mich besucht. Ich war im Gefängnis, und ihr seid zu mir gekommen. 37 Dann werden ihm die Gerechten antworten und sagen: Herr, wann haben wir dich hungrig gesehen und gespeist, oder durstig und dich getränkt? 38 Wann haben wir dich als Fremden gesehen und beherbert, oder nackt und haben dich bekleidet? 39 Wann haben wir dich krank oder im Gefängnis gesehen und sind zu dir gekommen? 40 Und der König wird antworten und ihnen sagen: Amen, ich sage euch: Was ihr einem von diesen meinen geringsten Brüdern getan habt, habt ihr mir getan.
41 Dann wird er auch zu denen zur Linken sagen: Gehet von mir, ihr Verfluchten, in das ewige Feuer, das dem Teufel und seinen Engeln bereitet ist. 42 Denn ich war hungrig, und ihr habt mir nicht zu essen gegeben. Ich war durstig, und ihr habt mich nicht getränkt. 43 Ich war fremd, und ihr habt mich nicht beherbergt, nackt, und ihr habt mich nicht bekleidet, krank und im Gefängnis, und ihr habt mich nicht besucht. 44 Dann werden auch sie antworten und sagen: Herr, wann haben wir dich hungrig oder durstig oder als Fremden oder nackt oder krank oder im Gefängnis gesehen und haben dir nicht gedient? 45 Dann wird er ihnen antworten und sagen: Amen, ich sage euch: Was ihr einem von diesen geringsten Brüdern nicht getan habt, habt ihr mir nicht getan. 46 Und diese werden dahingehen zur ewigen Strafe, die Gerechten aber zum ewigen Leben.

Möglichkeit einer Textmeditation

– „wenn der Menschensohn kommt" ...
  Herr, Deine Wiederkunft in Herrlichkeit beginnt zeichenhaft dort, wo Du in mein Leben einbrichst ...
– „dann wird er sich auf den Thron seiner Herrlichkeit setzen" ...
  Herr, Deine Wiederkunft beginnt zeichenhaft dort, wo Du
  in meinem Leben „den Thron besteigt" ...
– „und alle Völker werden vor ihm versammelt werden" ...
  Herr, Deine Wiederkunft beginnt zeichenhaft dort, wo vor
  Deinem Thron all meine Gedanken, all meine Worte und
  all meine Werke versammelt werden ...
– „er wird sie voneinander scheiden" ...
  Herr, Deine Wiederkunft beginnt zeichenhaft dort, wo ich
  in meinem Gewissen klar erkenne, ob eine Tat gut oder böse
  war ...
– „Was ihr einem von diesen meinen geringsten Brüdern getan habt, habt ihr mir getan" ...
  Herr, Deine Wiederkunft beginnt zeichenhaft dort, wo sich
  uns Dein Bild im Mitmenschen enthüllt ...

Lebensmeditation

Ich meditiere die „Hungrigen", „Durstigen", „Obdachlosen",
„Nackten", „Kranken" und „Gefangenen" meines Lebensraumes (alles kann man wörtlich und symbolisch sehen).

Tiefenmeditation

Herr, Du bist alles in allem:
– der Gebende in mir, wenn ich gebe ...
– der Empfangende in dem, dem ich gebe ...
– die Gabe selbst in dem, was ich gebe ...

„Liebe, und tu, was du willst!" *

1 Und es geschah, als Jesus alle diese Worte vollendet hatte, sprach er zu seinen Jüngern: 2 Wisset, daß nach zwei Tagen das Pascha sich ereignet. Und der Menschensohn wird ausgeliefert, um gekreuzigt zu werden.
3 Da versammelten sich die Hohenpriester und Ältesten des Volkes im Palast des Hohenpriesters, der Kajafas heißt, 4 und beschlossen, Jesus mit List zu ergreifen und zu töten 5 Sie sagten aber: Nicht am Fest, damit kein Tumult im Volk entsteht.
6 Als Jesus in Betanien im Haus Simons des Aussätzigen war, 6 trat eine Frau an ihn heran, die eine Alabsterbüchse mit teurem Salböl hatte, und goß es über sein Haupt aus, während er zu Tisch lag. 8 Da dies aber die Jünger sahen, murrten sie und sagten: Wozu diese Verschwendung? 9 Denn man hätte dieses um vieles verkaufen und den Armen geben können. 10 Jesus aber bemerkte es und sprach zu ihnen: Was belästigt ihr die Frau? Denn ein gutes Werk hat sie an mir getan. 11 Die Armen nämlich habt ihr immer bei euch, mich aber habt ihr nicht immer. 12 Denn da sie dieses Salböl auf meinen Leib goß, tat sie es, um mich für das Grab zu bereiten. 13 Amen, ich sage euch: Wo immer dieses Evangelium in der ganzen Welt verkündigt werden wird, wird man auch erzählen, was sie getan hat, zu ihrem Gedenken.
14 Dann ging einer von den Zwölfen, Judas Iskariot genannt, zu den Hohenpriestern 15 und sprach: Was wollt ihr mir geben? Und ich werde ihn euch ausliefern. Sie aber boten ihm dreißig Silberstücke. 16 Und von da an suchte er eine gute Gelegenheit, damit er ihn ausliefere.

Christusmeditation
– „vollendet"
   Dein Sterben war nicht Abbruch, sondern Vollendung Deines Lebens ...

---

* Augustinus

- „wisset" ... Du weißt um Dein Sterben und kannst darüber sprechen ...
- „versammelten sich die Hohenpriester" ... Deine Bereitschaft zum Kreuz ruft die verborgenen Dunkelheiten ans Licht ...
- „trat eine Frau an ihn heran" ... Dein Kreuzweg ruft die verborgene Liebe ans Licht ...
- „Was belästigt ihr die Frau?" ... Du verteidigst die Gesetze der überschwenglichen Liebe gegen alle Vorwürfe der Vernunft ...
- „mich habt ihr nicht immer" ... Du rechtfertigst diese Liebe durch die Einzigartigkeit Deiner Person und die Einmaligkeit des Augenblickes ...
- „einer von den Zwölfen" ... Du gibst Freiheit – je enger die Bindung, desto tiefer der Fall ...

Meditation der Frau

- Liebe erspürt den rechten Augenblick ...
- Liebe durchbricht gesetzte Grenzen ...
- Liebe verliert Maß und Berechnung ...
- Liebe schaut allein auf den Geliebten ...

Bußmeditation

- Ich schaue die Angst der Verantwortlichen vor dem Einbruch des Neuen – sehe ich mich? ...
- Ich schaue den Unwillen der Jünger über die Verschwendung der Liebe – sehe ich mich? ...
- Ich schaue den Judas, betört vom Geld – sehe ich mich? ...

Tiefenmeditation

Ich spüre Deine Liebe ... öffne mich ihr ... ich spürte meine (so kleine!) Liebe zu Dir ... gebe ihr Raum zum Wachsen ... ich lasse sie alles zerreißen, was sie einengt ... jede Berechnung ... jede Angst vor dem Urteil anderer ...
vielleicht erfahre ich einmal, wie diese Liebe ausströmt über Dich gleich dem kostbaren Öl aus dem Alabastergefäß ...

Heiliges Vermächtnis

17 Am ersten der ungesäuerten Brote traten die Jünger an Jesus heran und sagten: Wo willst du, daß wir Vorbereitungen für dich treffen, das Pascha zu essen? 18 Er aber sprach: Geht in die Stadt zu dem und dem und sprecht zu ihm: Der Lehrer sagt: Meine Zeit ist nahe. Bei dir halte ich Pascha mit meinen Jüngern. 19 Und die Jünger taten, wie Jesus ihnen aufgetragen hatte. Und sie bereiteten das Pascha.

20 Als es Abend wurde, legte er sich mit den Zwölfen zu Tisch. 31 Und als sie aßen, sprach er: Amen, ich sage euch: Einer von euch wird mich ausliefern. 22 Und sie wurden sehr traurig und begannen, ihm zu sagen, jeder einzelne: Bin etwa ich es, Herr? 23 Er aber antwortete und sprach: Der mit mir die Hand in den Teller eingetunkt hat, dieser wird mich ausliefern.24 Der Menschensohn geht zwar dahin, wie über ihn geschrieben ist, wehe aber jenem Menschen, durch den der Menschensohn ausgeliefert wird. Es wäre besser für ihn, wenn er, jener Mensch, nicht geboren wäre. 25 Judas aber, der ihn auslieferte, sprach: Bin etwa ich es, Rabbi? Er sagt ihm: Du hast es gesagt.

26 Während sie aber aßen, nahm Jesus Brot und sprach das Segensgebet, brach und gab es seinen Jüngern (und) sagte: Nehmt, esset! Das ist mein Leib. 27 Und er nahm einen Becher und sprach das Dankgebet, gab ihn ihnen (und) sagte: Trinket alle daraus! 28 Denn das ist mein Blut des Bundes, das für viele vergossen wird zur Vergebung der Sünden. 29 Ich sage euch: Ich werde von jetzt an nicht mehr trinken von diesem Gewächs des Weinstocks bis zu jenem Tag, da ich es mit euch von neuem trinken werde im Reich meines Vaters.

Grundmeditation

Letzte Worte eines Sterbenden ...

Möglichkeit einer Textmeditation

– „Wo willst du, daß wir Vorbereitungen für dich treffen, das
  Pascha zu essen?" ...
  Was wir bereiten sollen, ist längst bis in alle Einzelheiten
  von Dir vorbereitet. Laß uns dorthin gehen, wo alles bereit
  ist, daß wir es bereiten ...
– „Einer von euch wird mich ausliefern ... „Bin etwa ich es,
  Herr?"
  Niemand ist in der Stunde des Kreuzweges sicher. Die Be-
  gnadeten sind die Gefährdeten ...
– „wie über ihn geschrieben ist" ...
  Du bist erst von außen, durch Menschen verwundbar, nach-
  dem Dich Gott nach seinem Willen (von innen her) zum
  Leiden freigegeben hat ...

Symbolmeditationen

„Segensgebet" ... „Brot" ... „brechen" ... „geben" ... „nehmen" ... „essen" ... „Leib" ... „Becher – Kelch" ... „trinken" ... „Blut des Bundes" ... „Vergebung der Sünden" ... „für
viele" ...
Fast jedes Wort ist hier symbolisch – transparent ... Man
könnte eine Zeitlang vor jeder Kommunion eines dieser Symbole meditieren ... Das Geschenk des sakramentalen Geschehens besteht darin, daß Gott das Zeichen mit der ganzen Fülle
der Wirklichkeit füllt ...

Nachfolgemeditation

Im Angebot des Sakramentes wird es deutlich: Wo ein Geschehen in die Kongruenz mit dem Heilswirken Christi gebracht
wird, wird es zum Träger der Heilswirklichkeit Gottes. Diese
sakramentale Heilswirklichkeit möchte – getragen und ermöglicht durch das sakramentale Geschehen – das ganze Leben immer mehr durchdringen ...

Tiefe meiner Gefährdung

30 Und nachdem sie den Lobgesang gesungen hatten, gingen sie hinaus zum Ölberg. 31 Dann sagt Jesus zu ihnen: Ihr werdet alle an mir in dieser Nacht Anstoß nehmen. Denn es ist geschrieben: Ich werde den Hirten schlagen, und zerstreuen werden sich die Schafe der Herde. 32 Nach meiner Auferstehung aber werde ich euch nach Galiläa vorausgehen. 33 Petrus aber antwortete und sprach zu ihm: Wenn alle an dir Anstoß nehmen werden, ich werde niemals Anstoß nehmen. 34 Jesus sprach zu ihm: Amen, ich sage dir: In dieser Nacht, bevor der Hahn krähen wird, wirst du mich dreimal verleugnen. 35 Petrus sagt ihm: Und wenn ich mit dir sterben müßte, werde ich dich nicht verleugnen. Ähnlich sprachen auch alle Jünger.

Textmeditation

– Dein letzter Weg ist voll tiefer Symbolik:
  Ein Weg in die Nacht ...
  Ein Weg, der steinig und steil ist ...
  Ein Weg, den Du freiwillig hin zur Gebundenheit gehst ...
  Die erste Strecke des Kreuzweges gehen wir in Freiheit – innerlich gebunden an den Willen des Vaters – dann übernimmst Du ganz die Führung ...
– Im Blick auf die Schrift, auf die Taten Gottes in der Vergangenheit – erkennst Du den Willen des Vaters für diesen Augenblick ...
  Im Schauen auf Deine Taten erkennen wir den Willen des Vaters, ... auch für uns ...
– Du weißt, daß die tiefste Gefahr des Ärgernisses für die Deinen im Miterleben Deiner Ohnmacht und Deines Leidens liegt ...
  (Die Gottesfrage bricht nicht unbedingt am eigenen Leiden auf, sondern am Miterleben fremden Leides ...)

Den Kreuzweg mit Dir gehen, heißt: Dein Leiden miterleben, wo es mir heute begegnet, ohne an Dir Ärgernis zu nehmen ...
- Jede Form von Selbstsicherheit und Überheblichkeit anderen gegenüber (mag sie noch so begründet erscheinen!) ist
unbewachtes Einfallstor für den Versucher ...
Ich schaue zurück auf ein massives Versagen in meinem Leben ... gab es da vorher einen Moment der Selbstsicherheit? ...
- Dein Wissen um mein Versagen baut die Brücke, die mich
später über den Abgrund führen kann ...
Deine Warnung hören kann ich nur, wo ich um die Tiefe
meiner Gefährdung weiß ...

Tiefenmeditation

Du kennst mich ...

Nachfolgemeditation

- Ich sehe die Fehler anderer Menschen vor mir, vor denen ich
mich gefeit glaube ...
- Ich fühle Deinen Blick auf mir ruhen ...
- Ich höre Dein Wort: „Auch du ...“ ...
- Ich bitte Dich um Dein bewahrendes Gebet ...

Ja, Vater

36 Dann kommt Jesus mit ihnen zu einem Landstück, genannt Getsemani. Und er sagt den Jüngern: Setzt euch hier, solange ich dorthin weggehe und bete. 37 Und er nahm den Petrus und die zwei Söhne des Zebedäus und begann, zu trauern und sich zu ängstigen. 38 Dann sagt er ihnen: Meine Seele ist übertraurig bis zum Tod. Bleibt hier und wacht mit mir! 39 Und er ging ein Stück vor, warf sich auf sein Gesicht, betete und sagte: Mein Vater, wenn es möglich ist, möge dieser Becher an mir vorübergehen. Jedoch nicht, wie ich will, sondern wie du. 40 Und er kommt zu den Jüngern und findet sie schlafend und sagt dem Petrus: So konntet ihr nicht eine Stunde mit mir wachen? 41 Wacht und betet, daß ihr nicht in Versuchung kommt. Der Geist (ist) zwar willig, das Fleisch aber schwach. 42 Wieder, zum zweitenmal, ging er weg, betete und sagte: Mein Vater, wenn es nicht möglich ist, daß er vorübergeht, ohne daß ich ihn trinke, geschehe dein Wille. 43 Und er kam und fand sie wieder schlafend. Denn ihre Augen waren beschwert. 44 Und er ließ sie, ging weg und betete zum drittenmal, indem er wieder das gleiche Wort sprach. 45 Dann kommt er zu den Jüngern und sagt ihnen: Ihr schlaft weiter und ruht euch aus? Siehe, die Stunde hat sich genaht, und der Menschensohn wird ausgeliefert in die Hände der Sünder. 46 Steht auf, wir wollen gehen! Siehe, es hat sich genaht, der mich ausliefert.

Möglichkeiten der Textmeditation

– Du, Herr, erlebst in Getsemani die dunkelste Nacht Deines Lebens ...
  Ich versuche, ein wenig davon mitzuerleben ... ich lasse die Bilder aufsteigen, die mir dabei einfallen ...
– Du bittest mich, bei Dir zu bleiben und zu wachen ...
  Ich bin ein Mensch, der vor Finsternis und Leid fliehen möchte ...

Du bittest mich, Deine Not in mich einzulassen, mitzuerle-
ben ...
Du bittest mich, der Müdigkeit zu wehren, welche ange-
sichts der Not abschaltet ...
– Du bittest mich, zu wachen und zu beten, um mich teilneh-
men zu lassen an Deinem Ringen um das „Ja, Vater" ...
Du willst mir zeigen: Das „Ja, Vater" muß im Leben immer
neu errungen werden ...
Du willst mir zeigen: Nur im Gebet kann ich das schwache
Fleisch überwinden ...
Du willst mir zeigen: Nur wer ganz frei ist von seinem Eigen-
willen, ist fähig zu diesem reinen Gehorsam aus Liebe ...
– Du muß erleben, daß ich immer wieder einschlafe ...
Du stellst Deine geringe Bitte meinen großzügigen Angebo-
ten gegenüber ...
Du zeigst mir: Liebe heißt, dem anderen das geben, was *er*
jetzt braucht ...
Du läßt mich wissen: Im Grunde schadet mein Schlafen mir
selbst. Wer nicht wach ist, kann der Versuchung erliegen ...
– In Deinem einsamen Gebet hast Du Deinen eigentlichen
Todeskampf – vorausnehmend – schon durchgekämpft ...
Hilf uns, unser Kreuz freiwillig auf uns zu nehmen, ehe es
uns von außen trifft ...

Tiefenmeditation

Meditation – Kontemplation – ist nicht ein Weg, den *ich* gehe,
um zu Dir zu gelangen, sondern *Du* bittest mich um dieses
Tun ...

Bußmeditation

Ich meditiere die Getsemanistunde eines mir nahestehenden
Menschen unter der Beleuchtung dieses Textes – und mein
Verhalten ...

Du wehrst Dich nicht

47 Und während er noch redet, siehe, da kam Judas, einer von den Zwölfen, und mit ihm eine große Schar mit Schwertern und Knüppeln von den Hohepriestern und Ältesten des Volkes. 48 Der ihn aber auslieferte, gab ihnen ein Zeichen und sagte: Den ich küssen werde, der ist es. Ergreift ihn! 49 Und sogleich trat er an Jesus heran und sprach: Sei gegrüßt Rabbi. Und er küßte ihn innig. 50 Jesus aber sprach zu ihm: Freund, dazu bist du da. Dann traten sie heran, legten Hand an Jesus und ergriffen ihn. 51 Und siehe, einer von denen, die mit Jesus waren, streckte die Hand aus, zog sein Schwert und schlug auf den Knecht des Hohenpriesters und trennte sein Ohr ab. 52 Dann sagt Jesus zu ihm: Stecke dein Schwert an seinen Ort, denn alle, die das Schwert nehmen, werden durch das Schwert umkommen. 53 Oder meinst du, ich könnte nicht meinen Vater bitten und er würde mir sogleich mehr als zwölf Legionen Engel zuschicken? 54 Wie jedoch würden die Schriften erfüllt, weil es so geschehen muß? 55 In jener Stunde sprach Jesus zu den Scharen: Wie gegen einen Räuber seid ihr ausgezogen mit Schwertern und Knüppeln, mich festzunehmen. Täglich saß ich lehrend im Tempel, und ihr habt mich nicht ergriffen. 56 Dies alles aber ist geschehen, damit die Schriften der Propheten erfüllt würden. Dann verließen ihn alle Jünger und flohen.

Grundmeditation

„Schwert" (Symbol der Verteidigung – welche „Schwerter" benutzen Menschen im Alltag? ...)

Textmeditation

Die Stunde der Finsternis ist gekommen –
– Du wehrst Dich nicht gegen den Kuß ...
– Du wehrst Dich nicht gegen den Verräter („Freund") ...
– Du wehrst Dich nicht gegen die Gewalt ...
– Du wehrst Dich nicht gegen das Böse durch die Vollmacht Deines Gebetes ...
– Du wehrst Dich nicht gegen das Annehmen des Unbegreiflichen ...
– Du wehrst Dich nicht gegen die Flucht Deiner Jünger ...

Nachfolgemeditation

Herr, laß mich die Stunde erkennen, in der Du mich auf meinen Kreuzweg rufst, und laß mich im Schauen auf Dich lernen, mich nicht dagegen zu wehren ...

Möglichkeiten der Metaphermeditation

– Diese Stunde ist in Deinem Leben wie ...
– Der Kuß des Verräters ist wie ...

Tiefenmeditation

Herr, Du offenbarst uns das Geheimnis des Vaters im Wort, in der Tat und im Leiden ... wie ein Rad, welches, geteilt in diese drei Sektoren, sich um die Achse des Vaterswillens dreht ... Jede Speiche hat durch das „Ja, Vater" die Verbindung zur Mitte ... Ich sehe mein Leben in diesem Bild ...

Haß will vernichten

57 Die aber Jesus ergriffen hatten, führten ihn ab zu Kajafas, dem Hohenpriester, wo die Schriftgelehrten und Ältesten sich versammelt hatten. 58 Petrus aber folgte ihm von weitem nach bis zum Palast des Hohenpriesters und ging in das Innere hinein und setzte sich mit den Dienern, um das Ende zu sehen.

59 Die Hohenpriester aber und das ganze Synhedrion suchten ein lügnerisches Zeugnis gegen Jesus, damit sie ihn töten, 60 und fanden keines, obwohl viele lügnerische Zeugen herzutraten. Zuletzt aber traten zwei herzu 61 und sprachen: Dieser sagte: Ich kann diesen Tempel Gottes niederreißen und in drei Tagen aufbauen. 62 Und der Hohepriester stand auf und sprach zu ihm: Nichts antwortest du? Was für ein Zeugnis legen diese gegen dich ab? 63 Jesus aber schwieg. Und der Hohepriester sprach: Ich beschwöre dich beim lebendigen Gott, daß du uns sagst, ob du der Christus bist, der Sohn Gottes. 64 Jesus sagt ihm: Du hast es gesagt, jedoch ich sage euch: Von jetzt an werdet ihr den Menschensohn zur Rechten der Kraft sitzen und mit den Wolken des Himmels kommen sehen. 76 Dann riß der Hohepriester seine Obergewänder ein und sagte: Er hat gelästert. Was haben wir noch Zeugen nötig? Siehe, jetzt habt ihr die Lästerung gehört. 66 Was meint ihr? Sie aber antworteten und sprachen: Er ist des Todes schuldig.

67 Dann spien sie in sein Gesicht und schlugen ihn. Etliche aber gaben ihm Backenstreiche 68 und sagten: Prophezei uns, Christus, wer ist es, der dich schlug?

Textmeditation

- Wer Dich nicht anerkennen, nicht annehmen *will,* sucht nach Argumenten für Deine Vernichtung ...
- Wer Deine symbolischen Worte und Handlungen vordergründig verstehen will, hat solche Argumente sofort bei der Hand ...
  (von der Vernunft her: Das kann ich nicht glauben ... Wie kann Gott das zulassen? ...)
- Wer die Kundgabe Deiner Offenbarung erzwingen will, erfährt sie – anders als er denkt ...
- Wer diese Offenbarung erfährt, ohne sie anzunehmen, muß sich dagegen wehren, weil sie den zu vernichten droht, der sich davor verschließt ...
- Wer sich gegen Deinen Anspruch wehrt, dem ist jedes Mittel recht, dessen niedrigste Instinkte kommen ans Licht ...

Lebensmeditation (Bußmeditation)

Ich schaue auf mein Verhalten einem Menschen gegenüber, den ich – vielleicht unbewußt – ablehne ...

- Versuche ich in irgendeiner Weise – unbewußt –, ihn zu vernichten? ...
- Suche ich nach Gründen, die gegen ihn sprechen? ...
- Zwinge ich ihn – unbewußt – in Gesprächen zu Aussagen, die ich gegen ihn benutzen kann? ...
- Welche niederen Instinkte kommen bei mir hervor, wenn ich mit ihm zusammen bin? ...

Christusmeditation

Ich schaue Dich an, Herr ... Wie verhalte ich mich, wo mir Ähnliches geschieht? ...

Ich kenne ihn nicht

69 Petrus aber saß draußen im Hof. Und eine Magd trat an ihn heran und sagte: Auch du warst mit Jesus, dem Galiläer. 70 Er aber leugnete vor allen und sagte: Ich weiß nicht, was du sagst. 71 Als er in das Torhaus hinausging, sah ihn eine andere und sagte zu denen dort: Dieser war mit Jesus dem Nazoräer. 72 Und wieder leugnete er mit einem Schwur: Ich kenne den Menschen nicht. 73 Nach einer Weile aber traten die da Stehenden heran und sprachen zu Petrus: Wahrhaftig gehörst auch du zu ihnen, denn auch deine Sprache macht dich kenntlich. 74 Dann begann er, zu fluchen und zu schwören: Ich kenne den Menschen nicht. Und sogleich krähte der Hahn. 75 Und Petrus erinnerte sich des Wortes, das Jesus gesagt hatte: Ehe der Hahn kräht, wirst du mich dreimal verleugnen. Und er ging hinaus und weinte bitter.

Textmeditation

- „saß draußen" ...
  Auch wo wir unser Leben an Dich gebunden haben, gibt es
  Situationen, wo wir abwarten möchten, von außen zusehen,
  wo es hinauswill ...
- „eine Magd trat an ihn heran" ...
  Für den, der sein Leben an Dich gebunden hat, gibt es keine
  Unverbindlichkeit mehr. Wo wir ausweichen wollen, stellt
  uns die Welt vor die Entscheidung ...
- „deine Sprache macht dich kenntlich" ...
  Wer eine Strecke des Weges mit Dir gegangen ist, ist geprägt,
  wird an irgendeiner Form der Ähnlichkeit erkannt ...
- „ich kenne den Menschen nicht" ...
  Wie vieles hat Petrus mit Dir erlebt ...
  (ich lasse einige Szenen an mir vorbeiziehen ...) Erschrek-
  kend – dieses Wort ...
- „da begann er, zu fluchen und zu schwören" ...
  Wie oft sind Emotionen unbewußte Schutzhüllen, hinter
  denen ich etwas verbergen möchte ...
- „erinnerte sich" ...
  Auch Vergessen kann solch eine unbewußte Schutzhülle
  sein – Vergessen kann Schuld sein ...
- „weinte bitter" ...
  Echte Reue bricht auf in der Begegnung mit Dir – durch
  Blick oder Wort. Meditation will solche Begegnung gegen-
  wärtigsetzen ...

Christusmeditation

Ich schaue Dich in Deiner abgrundtiefen Einsamkeit – damals
– heute – ...

Finsternis, die zum Licht führt

1 Als es Morgen wurde, faßten alle Hohenpriester und Ältesten des Volkes gegen Jesus einen Beschluß, daß sie ihn töten würden. 2 Und sie führten ihn gefesselt ab und lieferten ihn Pilatus, dem Statthalter, aus.
3 Dann sah Judas, der ihn ausgeliefert hatte, daß er verurteilt war. Es reute ihn und er brachte die dreißig Silberstücke zurück zu den Hohenpriestern und Ältesten 4 und sagte: Ich habe gesündigt, daß ich unschuldiges Blut ausgeliefert habe. Sie aber sprachen: Was geht das uns an? Siehe du zu! 5 Und er warf die Silberstücke in den Tempel und entfernte sich. Er ging fort und erhängte sich. 6 Die Hohenpriester aber nahmen die Silberstücke und sprachen: Es ist nicht erlaubt, sie in den Tempelschatz zu tun, denn ein Blutpreis ist es. 7 Sie faßten aber einen Beschluß und kauften damit den Akker des Töpfers zum Begräbnis für die Fremden. 8 Daher wird jener Acker bis auf den heutigen Tag Blutacker genannt. 9 Da erfüllte sich, was gesagt ist vom Propheten Jeremia, der spricht: Und sie nahmen die dreißig Silberstücke, den Preis für den Verkauften, den sie abschätzten von den Söhnen Israels. 10 Und sie gaben sie für den Acker des Töpfers, wie mir der Herr befohlen hat.
11 Jesus aber stand vor dem Statthalter. Und der Statthalter fragte ihn und sagte: Du bist der König der Juden? Jesus aber sprach: Du sagst es. 12 Und da er von den Hohenpriestern und Ältesten verklagt wurde, antwortete er nichts. 13 Dann sagte Pilatus zu ihm: Hörst du nicht, wie viele Dinge sie gegen dich vorbringen? 14 Und er antwortete ihm nicht, nicht auf ein einziges Wort, so daß sich Pilatus sehr wunderte.

Meditatives Schauen auf Judas

- In der letzten Stunde wird Judas zum Verräter ...
  Ein langes Leben mit Dir ist keine Garantie für das Heil ...
- An den Folgen seines Tuns erkennt Judas seine Schuld ...
  Erkenntnis der Schuld ist Angebot der Gnade ...

– Judas möchte sein Tun auf menschlicher Ebene rückgängig machen – das wird ihm verwehrt: Was geschehen ist, ist geschehen! Allein bei Dir steht die Möglichkeit, daß Schuld vergeben, getilgt, zum Heile gewandt wird ...

Was ist mir wichtiger, wo ich eine Schuld erkenne: der Versuch, sie wieder gut zu machen – oder sie Dir offen hinzulegen? ...

– Wie tief muß die Verzweiflung sein, wenn ein Mensch diesen Weg geht ...

Erkannte Schuld ist furchtbar – furchtbarer noch die Verzweiflung darüber ...

Meditatives Schauen auf die Pharisäer

Sie sehen das Blut, das am Geld klebt – sehen sie nicht das Blut an ihren Händen, auf ihrem Gewissen? ...
Gibt es bei mir Ähnliches? ...

Meditatives Schauen auf Jesus

– „Als es Morgen wurde" ...
für Dich der Anbruch des Todestages, der zum Leben führt ...
des Tages der Finsternis, der zum Licht führt ...
der Tag der Schmerzen, die zum Heil führen ...

– „sie führten ihn gefesselt ab" ...
In der Gebundenheit gehst Du den Weg in letzter Freiheit zu letzter Freiheit ...

– „Jesus stand vor dem Statthalter" ...
Du stehst vor dem Richter – und beginnst, Deine ewige Herrschaft aufzurichten ...

– „Er antwortete ihm nicht" ...
Auch Dein Schweigen, Herr, ist eine Form Deines Wort-Seins für uns ...

Entscheidung über Tod und Leben

15 Am Fest aber pflegte der Statthalter der Volksmenge einen Gefangenen freizugeben, welchen sie wollten. 16 Sie hatten aber damals einen berüchtigten Gefangenen mit Namen Jesus Barabbas. 17 Als sie nun versammelt waren, sprach Pilatus zu ihnen: Wen wollt ihr, daß ich ihn euch freigebe, Jesus den Barabbas oder Jesus, der Christus heißt? 18 Denn er wußte, daß sie ihn aus Mißgunst ausgeliefert hatten.

19 Als er aber auf dem Richterstuhl saß, schickte seine Frau zu ihm und ließ ihm sagen: Habe du nichts zu schaffen mit jenem Gerechten, denn ich habe heute im Traum viel erlitten seinetwegen.

20 Die Hohenpriester und Ältesten aber überredeten die Volksscharen, Barabbas zu erbitten, Jesus aber zu verderben. 21 Der Statthalter antwortete und sprach zu ihnen: Wen wollt ihr von den beiden, daß ich ihn euch freigebe? Sie aber sprachen: Den Barabbas. 22 Pilatus sagt ihnen: Was nun soll ich mit Jesus tun, der Christus heißt? Alle sagen: Er soll gekreuzigt werden. 23 Er aber sprach: Was hat er denn Böses getan? Sie aber schrien im höchsten Maß: Er soll gekreuzigt werden 24 Als Pilatus sah, daß er nichts ausrichtet, sondern ein noch größerer Tumult entstand, nahm er Wasser, wusch sich die Hände vor der Volksmenge und sagte: Ich bin unschuldig an diesem Blut. Sehet ihr zu! 25 Und das ganze Volk antwortete und sprach: Sein Blut auf uns und unsere Kinder! 26 Dann gab er ihnen den Barabbas frei, Jesus aber, nachdem er ihn hatte geißeln lassen, lieferte er aus, daß er gekreuzigt werde.

27 Dann nahmen die Soldaten des Statthalters Jesus mit in das Prätorium und versammelten um ihn die ganze Kohorte. 28 Und sie zogen ihn aus und legten ihm ein scharlachrotes Oberkleid an. 29 Und sie flochten einen Kranz aus Dornen und setzten ihn auf sein Haupt und ein Stock in seine Rechte. Und sie beugten das Knie vor ihm, verhöhnten ihn und sagten: Heil dir, König der Juden! 30 Und sie spuckten ihn an, nahmen den Stock und schlugen auf sein Haupt.

Grundmeditation

„Richter" (Symbolkraft dieses Berufes – ich schaue das Symbol an – meditiere es in der Übertragung auf Entscheidungssituationen in meinem Leben ...)

Textmeditation

– Pilatus ist für diesen Rechtsfall zuständig ...
– Pilatus versucht, beide Seiten anzuhören ...
– Pilatus überhört eine wichtige Warnung ...
– Pilatus schiebt die Entscheidung von sich ab ...
– Pilatus versucht dennoch, die Entscheidung des Volkes zu beeinflussen, ihnen zu helfen, die richtige Entscheidung zu fällen (Gegenüberstellung von Jesus und Barabbas) ...
– Pilatus resigniert vor dem Machtanspruch und der Machtausübung derer, über die *er* Macht ausüben sollte ...
– Pilatus „wäscht seine Hände in Unschuld" ...
– Pilatus urteilt und entscheidet gegen das, was er als richtig erkannt hat ...

Existenzmeditation

Ich übertrage die Schritte der Textmeditation auf die Gefahren meines Verhaltens in einer wichtigen Entscheidungssituation ...

Symbolmeditation (als Tiefenmeditation)

Ich meditiere die Symbole, unter denen Dich die Kriegsknechte verspotten, in ihrer verborgenen Wahrheit und Herrlichkeit ... „Purpurmantel" ... „Dornenkrone" ... „Stock" ... „sie beugten das Knie" ...
im Spott die Wahrheit ...

245

Dein Kreuzweg geht weiter unter uns

31 Und nachdem sie ihn verhöhnt hatten, zogen sie ihm das Oberkleid aus und zogen ihm seine Kleider an.

Und sie führten ihn ab zum Kreuzigen. 32 Als ei aber hinauskamen, fanden sie einen Menschen von Kyrene mit Namen Simon. Diesen nötigten sie, daß er sein Kreuz aufnimmt. 33 Und sie kamen an einen Ort, der Golgota genannt wird – was Ort des Schädels heißt –, 34 und sie gaben ihm Wein zu trinken, mit Galle gemischt. Und als er es kostete, wollte er nicht trinken.

35 Als sie ihn aber kreuzigten, verteilten sie seine Kleider, indem sie das Los warfen. 36 Und sie saßen und bewachten ihn dort. 37 Und sie hefteten über sein Haupt seine Schuld, die war geschrieben: Dieser ist Jesus, der König der Juden. 38 Dann werden mit ihm zwei Verbrecher gekreuzigt, einer zur Rechten und einer zur Linken. 39 Die Vorbeikommenden aber lästerten ihn, schüttelten ihre Köpfe 40 und sagten: Der du den Tempel niederreißt und in drei Tagen aufbaust, rette dich selbst, wenn du Gottes Sohn bist, steige herab vomn Kreuz. 41 Ähnlich höhnten auch die Hohenpriester mit den Schriftgelehrten und Ältesten und sagten: 42 Andere hat er gerettet, aber sich selbst kann cr nicht retten. Er ist der König von Israel, steige er jetzt vom Kreuz herab, und wir werden an ihn glauben. 43 Er hat auf Gott vertraut. Der rette ihn jetzt, wenn er ihn will, denn er hat gesagt: Gottes Sohn bin ich. 44 Genau so schmähten ihn auch die Verbrecher, die mit ihm gekreuzigt waren.

Christusmeditation

Ich gehe innerlich meditierend den Weg nach Golgota mit – als sei ich anwesend – erlebe jede Wegstrecke mit:
Sie ziehen Dir wieder Deine eigenen Kleider an – sie handeln mit Dir, dem lebendigen Menschen, als seist Du eine Sache ...
Dein letzter Weg beginnt – Du siehst ihn vor Dir liegen, den Weg, der keinen Ausweg mehr kennt ...

Du trägst Dein Kreuz – Du wirst gezwungen, selbst das Material für Deine Vernichtung zu tragen ...

Du erlebst, wie Simon gezwungen wird, Dir Dein Kreuz abzunehmen, als Du nicht mehr weiterkannst – Du mußt es ertragen, daß Du andere Menschen mit hineinziehst in Dein Leiden ...

Dir wird der betäubende Trank gereicht – ein Narkotikum, welches das himmelschreiende Unrecht ein wenig lindern soll – oder zudecken? ...

Das Kreuz wird aufgerichtet – Du mußt vor den Augen aller Menschen leiden, nackt und schutzlos ...

Deine Kleider werden verlost – Du mußt erleben, wie teilnahmslose Menschen aus Deinem Leiden ihren Gewinn ziehen ...

Über Dir wird das Schild angebracht – im Spott tief verborgene Wahrheit ...

Die beiden Räuber werden mit Dir gekreuzigt – Du erscheinst nun als Schuldiger unter Verbrechern, mußt als Unschuldiger mit den Schuldigen leiden ...

Die Menschen verspotten Dich – Leiden in totaler Einsamkeit ...

Du wirst gefragt nach Deinem Glauben – Deiner Macht – nach Deinem Gott – und Du kannst Dich nicht verteidigen ...

In Dir selbst steht die verzweifelte Frage auf: Mein Gott, warum? ...

Fürbittenmeditation

Ich bitte Dich für die Menschen, die leiden, wie Du gelitten hast ...

Tiefenmeditation

Du fragst mich: „Könnt ihr den Kelch trinken, den ich trinken werde?" ...

Ich stehe unter Deinem Kreuz

45 Von der sechsten Stunde aber entstand eine Finsternis über der ganzen Erde bis zur neunten Stunde. 46 Um die neunte Stunde aber rief Jesus mit lauter Stimme und sagte: Eli, eli, lema sabachthani. Das ist: Mein Gott, mein Gott, warum hast du mich verlassen? 47 Einige der dort Stehenden, die es hörten, sagten: Dieser ruft Elija. 48 Und sogleich lief einer von ihnen hin, nahm einen Schwamm, füllte ihn mit Essig und steckte ihn auf ein Rohr und tränkte ihn. 49 Die übrigen aber sagten: Laß, wir wollen sehen, ob Elija kommt, ihn zu retten. 50 Jesus aber schrie wiederum mit lauter Stimme und gab den Geist auf.

51 Und siehe, der Vorhang des Tempels riß von oben bis unten entzwei. Und die Erde wurde erschüttert, und die Felsen wurden gespalten. 52 Und die Gräber wurden geöffnet, und viele Leiber entschlafener Heiliger wurden auferweckt. 53 Und sie kamen aus den Gräbern hervor – nach seiner Auferstehung – und gingen in die heilige Stadt, und sie wurden vielen offenbar.

54 Der Hauptmann aber und die mit ihm Jesus bewachten fürchteten sich sehr, als sie das Erdbeben sahen und was geschehen war, und sagten: Wahrhaftig, dieser war Gottes Sohn.

53 Viele Frauen aber schauten von weitem zu, die Jesus nachgefolgt waren von Galiläa und die ihm gedient hatten. 56 Unter ihnen war Maria von Magdala und Maria, die Mutter des Jakobus und Josef, und die Mutter der Söhne des Zebedäus.

Textmeditation

– Ich stehe unter Deinem Kreuz –
  ich öffne mich der Finsternis ...
  die Finsternis bricht ein auf der Höhe des Tages ...
– Ich stehe unter Deinem Kreuz –
  ich öffne mich Deiner Verlassenheit ...
  wie mag es sein, wenn Du Dich von Gott verlassen fühlst ...

– Ich stehe unter Deinem Kreuz –
  ich öffne mich Deinem Angenageltsein ...
  es gibt Leiden, das den Menschen zeit seines Lebens nicht
  wieder losläßt ...
– Ich stehe unter Deinem Kreuz –
  ich öffne mich Deinem Todeskampf ...
  es gibt eine Stufe des Leidens, die das Tragbare überschrei-
  tet ...
– Ich stehe unter Deinem Kreuz –
  ich öffne mich Deinem Sterben ...
  ich kann nur noch schweigen ...

Symbolmeditation

Ich meditiere die Symbolik dieser Ereignisse:
– „bis zur neunten Stunde"
  mit Deinem Sterben, Herr, findet die Finsternis ein Ende ...
– „der Vorhang des Tempels riß von oben bis unten entzwei" ...
  mit Deinem Sterben, Herr, zerreißt der „Vorhang", der den
  Menschen vom Allerheiligsten trennt ...
– „Die Erde wurde erschüttert" ...
  mit Deinem Sterben, Herr, werden die Grundfesten unseres
  Daseins erschüttert ...
– „die Felsen wurden gespalten" ...
  mit Deinem Sterben, Herr, spalten sich unbewegliche „Felsen" ...
– „Gräber wurden geöffnet" ...
  mit Deinem Sterben, Herr, ist die Gewalt menschlichen Todes entkräftet – die Endgültigkeit eines geschlossenen Grabes aufgebrochen ...

Tiefenmeditation

Ich halte aus unter dem Kreuz – wie die Frauen ...
Ich erschrecke unter dem Kreuz – wie der Hauptmann ...
bis mich das Kreuz – Dein Kreuz – gewandelt hat ...

249

Stille

57 Als es Abend wurde, kam ein reicher Mensch von Arimatäa
mit Namen Josef, der selbst auch ein Jünger Jesu geworden war.
58 Dieser trat an Pilatus heran und erbat sich den Leib Jesu. Dann
befahl Pilatus, (ihn) herauszugeben. 59 Und Josef nahm den Leib,
wickelte ihn in reine Leinwand 60 und legte ihn in sein neues
Grab, das er in dem Felsen hatte hauen lassen, und wälzte einen
großen Stein vor die Tür des Grabes und ging fort. 61 Dort aber
war Mariam von Magdala und die andere Maria, die saßen dem Grab
gegenüber.
62 Am folgenden Tag aber, das ist nach dem Rüsttag, versammelten sich die Hohenpriester und die Pharisäer bei Pilatus 63 und sagten: Herr, wir haben uns erinnert, daß jener Betrüger, als er noch
lebte, sprach: Nach drei Tagen stehe ich auf. 64 Darum befiehl, das
Grab bis zum dritten Tag zu sichern, daß nicht die Jünger kommen, ihn stehlen und zum Volk sprechen: Er ist von den Toten
auferweckt worden. Und der letzte Betrug wird schlimmer sein als
der erste. 65 Pilatus sagte ihnen: Habet eine Wache! Geht, sichert,
wie ihr es versteht! 66 Sie aber gingen, sicherten das Grab und ver-
siegelten den Stein, dazu die Wache.

Grundmeditation

„Stille"

Christusmeditation

– Du bist das Weizenkorn, das in die Erde fällt und stirbt ...
– Ich lasse in mich ein, wie Du alles hinter Dir gelassen hast,
  die Schmerzen, den Haß der Menschen, den Schmerz über
  das Versagen der Deinen, die Verlassenheit von Gott ...
– Ich fühle die undurchdringliche Dunkelheit und Stille, in
  die Du hineingegeben wirst ...

– Ich spüre die Ahnung von etwas Unausdenkbarem, das sich
  in der Tiefe dieser Dunkelheit anbahnt ...
– Ich verharre in dieser Dunkelheit ...

Textmeditation

Ich identifiziere mich mit Josef aus Arimathäa ...
  Wo keinerlei Hoffnung mehr ist auf Belohnung, Gegenlei-
  stung, Dankbarkeit, da hält *Treue* weiterhin durch:
– sie überlegt, was zu tun ist ...
– sie wählt den rechten Zeitpunkt ...
– sie scheut sich nicht vor dem Bekenntnis und der Bitte ...
– sie stellt alles Eigene zur Verfügung ... (welche Kostbarkeit
  war dieses Grab damals)
– sie tut den Liebesdienst, der möglich ist ...
Ich identifiziere mich mit den Frauen ...
  Wo keinerlei Hoffnung mehr ist, keine Antwort, kein Gefühl der Nähe, kein Glück der Gegenwart des Geliebten,
  sondern allein nackter Schmerz, da hält *Liebe* weiterhin
  durch:
– sie hält aus über den Tod hinaus ...
– sie verfolgt den Weg des Geliebten auch nach dem Tod ...
Ich identifiziere mich mit Pilatus ...
  Seine *Unentschlossenheit* zeigt sich auch nach dem Tod
  Jesu, wie schon vorher:
– Was mag in ihm vorgegangen sein, daß er die Bitte des Josef
  erfüllte? ...
– Was mag in ihm vorgegangen sein, daß er die Forderung der
  Hohenpriester und der Pharisäer erfüllte? ...
Ich schaue auf die Hohenpriester und Pharisäer:
  Auch *Haß* hält über den Tod hinaus an:
– er kann hellhöriger sein als Liebe ...
– er kann auf groteske Einfälle kommen ...

Unbegreiflich Neues beginnt

1 Als der Sabbat aber vorüber war und es aufleuchtete zum ersten Wochentag, kam Maria von Magdala und die andere Maria, um das Grab zu schauen. 2 Und siehe, es geschah ein großes Beben. Denn ein Engel des Herrn stieg vom Himmel herab, trat heran und wälzte den Stein weg und setzte sich darauf. 3 Sein Aussehen war wie ein Blitz und sein Gewand weiß wie Schnee. 4 Aus Furcht vor ihm aber erbebten die Wächter und wurden wie tot. 5 Der Engel antwortete und sprach zu den Frauen: Fürchtet euch nicht. Denn ich weiß, ihr sucht Jesus, den Gekreuzigten. 6 Er ist nicht hier. Denn er ist auferweckt worden, wie er gesagt hat. Kommt, sehet den Ort, wo er gelegen hat. 7 Und gehet eilends und sagt seinen Jüngern: Er ist auferweckt worden von den Toten. Und siehe, er geht euch voran nach Galiläa. Dort werden ihr ihn sehen. Siehe, ich habe es euch gesagt. 8 Und sie gingen eilends vom Grab weg mit Furcht und großer Freude und liefen, es seinen Jüngern zu verkündigen.

Und siehe, Jesus kam ihnen entgegen und sagte: Seid gegrüßt! Sie aber traten heran, ergriffen seine Füße und huldigten ihm. 10 Dann sagt Jesus zu ihnen: Fürchtet euch nicht. Gehet, verkündet meinen Brüdern, daß sie nach Galiläa gehen. Dort werden sie mich sehen.

Symbolmeditation

– „Als es aufleuchtete zum ersten Wochentag" ...
  Etwas schlechthin Neues bricht an ...
– „es geschah ein großes Beben" ...
  Der Einbruch Gottes erschüttert diese Welt in ihren Grundfesten ...
– „ein Engel wälzte den Stein weg" ...
  Es gibt Steine, die nur von den Bevollmächtigten Gottes
  weggewälzt werden können ...
– „die Wächter wurden wie tot" ...
  Unser menschliches Leben erträgt den Einbruch der Gottes-
  wirklichkeit nicht ...

Textmeditation

Identifizierung mit den Frauen
– Wer nichts sucht als den Gekreuzigten, erfährt die Kunde
  vom Auferstandenen ...
– Wer diese Kunde hört, wird auf den Weg geschickt ...
– Wer sich auf diesen Weg macht, wird dem Herrn in irgend-
  einer Form begegnen ...
– Der Auferstandene begegnet dem, der sich nicht festlegt auf
  einen Ort: dort müsse er sein ...
– Der Auferstandene begegnet dem, welcher der Botschaft
  glaubt, und der sich schnell auf den Weg macht, sie weiter-
  zusagen ...
– Der Auferstandene begegnet dem, der vom Grab weggeht ...

Mir ist alle Macht gegeben

11 Als sie aber fortgingen, siehe, da kamen einige von der Wache in die Stadt und meldeten den Hohenpriestern alles, was geschehen war. 12 Und sie versammelten sich mit den Ältesten, faßten einen Beschluß, gaben den Soldaten genügend Silberstücke 13 und sprachen: Saget, seine Jünger sind nachts gekommen und haben ihn gestohlen, während wir schliefen. 14 Und wenn dies beim Statthalter bekannt wird, werden wir ihn überreden und bewirken, daß ihr ohne Sorgen sein könnt. 15 Sie aber nahmen die Silberstücke und taten, wie sie belehrt worden waren. Und diese Kunde verbreitete sich bei den Juden bis heute.

16 Die elf Jünger aber gingen nach Galiläa zu dem Berg, wohin Jesus sie befohlen hatte. 17 Und als sie ihn sahen, huldigten sie ihm. Einige aber zweifelten. 18 Und Jesus trat zu ihnen, redete mit ihnen und sagte: Gegeben ist mir alle Vollmacht im Himmel und auf Erden. 19 Gehet darum und macht alle Völker zu Jüngern, taufet sie auf den Namen des Vaters und des Sohnes und des heiligen Geistes. 20 Lehret sie alles halten, was ich euch geboten habe. Und siehe, ich bin mit euch alle Tage bis zur Vollendung des Äons.

Grundmeditation

Wortmeditation: „Gegeben ist mir alle Vollmacht im Himmel und auf Erden" *(jedes Wort einzeln meditieren)*

Textmeditation

- Deine Herrschaft ist eine Wirklichkeit ...
  ich kann alle Mittel anwenden, sie zu vertuschen ...
  damals ...
  heute ...
- Deine Herrschaft ist eine Wirklichkeit ...
  ich erfahre sie in der Tat des Gehorsams ...
  ich erfahre sie in der Hingabe („sie huldigten ihm") ...
  ich erfahre sie trotz meines Zweifels ...
- Deine Herrschaft ist eine Wirklichkeit ...
  wer Dir als Jünger nachfolgt, unterstellt sich dieser Herrschaft ...
  wer sich taufen läßt, unterstellt sich dieser Herrschaft ...
  wer Deine Gebote hält, unterstellt sich dieser Herrschaft ...
- Deine Herrschaft ist eine Wirklichkeit ...
  Du sendest mich, andere zu rufen, sich dieser Herrschaft zu unterstellen ...
- Deine Herrschaft ist eine Wirklichkeit ...
  sie umfaßt alle Zeit meines Lebens ...
  sie umfaßt allen Raum meines Lebens ...

Tiefenmeditation

Du – der Herr ...
Du – mein Herr ...

Themenregister

256

Die Wiederentdeckung des Wortes Gottes
Geistlicher Aufbruch vom Hören zum Tun

Enzo Bianchi
Dich finden in deinem Wort
Die geistliche Schriftlesung
Mit einem Vorwort von Michael Schneider S. J.
128 Seiten, Paperback.
ISBN 3-451-21338-9

Enzo Bianchi gründete 1968 in Bose/Piemont eine Mönchsgemeinschaft, die – ähnlich wie die Gemeinschaft von Taizé – ökumenisch ausgerichtet ist. Aus lebendiger Gebetserfahrung schöpfend, weist er unmittelbare Wege zur Begegnung mit dem Wort Gottes.

„Eine tiefgründige Anleitung: zur geistlichen Schriftlesung, zum gläubigen, meditierenden und betenden Umgang mit der Bibel. Ein Buch, das dazu einlädt, die Heilige Schrift als ‚Quelle geistlichen Lebens‘ zu entdecken und auszuschöpfen" (Katholisches Sonntagsblatt, Bozen).

„Der Weg, den Bianchi in diesem fruchtbringenden Buch aufzeigt, ist einer, der dem Anfänger wie dem erfahrenen Gottsucher hilft, aus der Lektüre der Gottesschrift zu immer größerer Gottesnähe zu finden" (In Christo).

„Ein Zeugnis dafür, wie ein geistliches Leben im Kontext unserer Zeit gelingen könnte" (Kirchenzeitung für das Erzbistum Köln).

Verlag Herder Freiburg · Basel · Wien

Richard Rohr entfesselt die Bibel:
eine mitreißend neue Entdeckung des
alten Buches

Das entfesselte Buch
Die Lebenskraft des Alten Testaments
3. Auflage, 192 Seiten, Paperback.
ISBN 3-451-21870-4

„Richard Rohr breitet hier die variationsreiche Thematik des Alten Testaments aus und befreit auf seine Weise dessen heilsame
Lebenskraft aus den Fesseln manch kirchlicher Lesart. Er schafft
Durchblicke und führt den roten Faden biblischer Erfahrung an-
sprechend vor Augen. Das Buch eignet sich besonders für ‚Ein-
steiger‘ in die Bibel, da es keinerlei Voraussetzungen macht –
außer einer: ein offenes Ohr und Herz zu haben für die großar-
tige Liebesgeschichte Gottes mit den Menschen" (Lebendiges
Zeugnis).

Das auferstandene Buch
Die Lebenskraft des Neuen Testaments
2. Auflage, 240 Seiten, Paperback.
ISBN 3-451-22043-1

Hier wird die Bibel anschaulich und ihre Botschaft für unsere
Zeit neu erfahrbar. Richard Rohr entdeckt sie als ein Lebensbuch
voll verborgener Anziehungs- und Ausstrahlungskraft, voll aktu-
eller Gültigkeit für den Menschen heute.

Verlag Herder Freiburg · Basel · Wien